세상을 바꾸는 수업

체인지메이커 교육

모두가 세상의 주인으로 성장하는 시민교육 프로젝트

세상을 바꾸는 수업, 체인지메이커 교육

1판 1쇄 발행 2019년 11월 10일
1판 4쇄 발행 2022년 11월 30일

지은이 이은상
발행인 송진아
편 집 아이핑크
디자인 로프박
제 작 제이오앨엔피
펴낸곳 푸른칠판
등 록 2018년 10월 10일(제2018-000038호)
팩 스 02-6455-5927
이메일 greenboard1@daum.net
ISBN 979-11-965375-3-1 03370

이 도서의 국립중앙도서관 출판예정도서목록(CIP)은 서지정보유통지원시스템 홈페이지(http://seoji.nl.go.kr)와 국가자료종합목록 구축시스템(http://kolis-net.nl.go.kr)에서 이용하실 수 있습니다. (CIP제어번호:CIP2019040368)

※ 이 도서는 한국출판문화산업진흥원의 '2019년 출판콘텐츠 창작 지원 사업'의 일환으로 국민체육진행기금을 지원받아 제작되었습니다.
※ 이 도서의 저자 인세는 교육의 변화를 만들어 가는 일에 기부됩니다.

모두가 세상의
주인으로 성장하는
시민교육 프로젝트

이은상 지음

체인지메이커 교육

세상을
바꾸는
수업

푸른칠판

추천의 글

우리 교육과정 안에는 시민교육 요소가 상당 부분 녹아들어 있다. 이 같은 시민교육의 요소를 독립된 지식교육으로 가르칠 수도 있지만, 현실의 여러 문제들과 연계하여 학생들이 참여하고 만들어 간다면 효과적일 것이다. 저자는 체인지메이커 교육을 통해 교육과정이 추구하는 인간상과 일치하는 성숙한 시민을 기르고자 한다. 학생들이 현실의 여러 문제들을 이해하고 문제 해결을 위해 적절한 방식으로 참여한다면 그것이 바로 체인지메이커 교육이라는 것이다. 이 책은 그런 의미에서 더없이 훌륭한 시민교육 교재이다.

함영기(前서울시교육청교육연수원장)

저자는 체인지메이커이다. 자신이 가르치는 학생들도 체인지메이커로 길러 내고자 고민하고 애쓴 과정이 이 책에 담겨 있다. 모든 학생을 체인지메이커로 길러 내는 것이 진정한 교육이라고 믿는다. 스스로 먼저 변하고 주변을 둘러보며 세상까지 바꾸는, '아직'을 '이미'로 만드는 그런 사람들이 더 많아지면 좋겠다.

이화성(前창덕여자중학교 교장)

창덕여중 학교 문화는 내가 경험한 그것들 중 단연코 가장 민주적이다. 그러한 학교 문화의 중심에 체인지메이커 교육이 있다. 이 책은 그것을 실천한 진솔하고 생생한 이야기이다. 공교육이 추구해야 할 가치를 일관성 있게 묵묵히 실천하고 있는 이은상 선생님의 이야기를, 교육이 삶을 변화시키며 세상을 바꾸어 나가는 힘을 가지기를 꿈꾸는 모든 분들에게 권하고 싶다.

유인숙(前서울시교육청 민주시민교육과 장학관)

대한민국 공교육 한 교사의 눈, 귀, 손, 발이 되어 '체인지메이커 교육'의 여정을 따라가 보는 특별한 경험이 될 것이다. 그 길에서 우리는 그의 가슴을 뛰게 한 것들과 마주치고, 그 끈질긴 실천과 섬세한 성찰의 흔적에 감탄하지 않을 수 없다. 교육이란 맥락에서의 공감과 체인지메이킹에 관한 독보적인 해설서이자 가이드북이다.

이혜영(아쇼카한국 대표)

지난 4년간 전국의 체인지메이커 사례를 모아 분석하는 중에 창덕여중에서의 실험이 유독 눈에 띄었던 이유는, 동아리로 시작한 체인지메이커 프로젝트가 수업에 적용되고, 학교의 문화가 되고, 나아가 지지하는 어른으로서의 교사 문화까지 만들어졌기 때문이다. 이 모든 과정의 기록이 이 책을 통해 전국의 체인지메이커 교사들에게 널리 공유되며 더욱 풍부해지기를 바란다.

김하늬(유쓰망고 대표)

20년 전 같은 학교에서 공부한 나의 존경하는 벗 이은상 선생님은 편견에 가득 찬 나와는 다르게 학교에 남아서 가능성의 씨앗을 심고 가꾸며 마침내 '싹'을 틔웠다. "수많은 실패를 만나면서도 다시 일어섬으로써 자신만의 세계를 만들어가는 우리 모두는 체인지메이커다"라는 그의 믿음과 실천이 어떻게 학교의 현재와 미래를 뒤바꿀 수 있는지 살펴보게 하는 책이다.

박영준(질문디자인연구소 소장, 《혁신가의 질문》 저자)

프롤로그

Changemaker. Real world, Real Learning

학생들은 진짜 사회를 배우고 있을까? 선생님은 진짜 사회를 가르치고 있을까? 학교는 사회에 진짜 필요한 것들을 가르치고 있을까?

이 책은 안전지대Safety Zone에만 머물러 있어도 전혀 문제가 되지 않지만 불안한 영역Dangerous Zone에 스스로 뛰어드는 학생 체인지메이커, 선생님 체인지메이커들의 이야기이다. 특별한 보상이 주어지지 않음에도 학생들이 체인지메이커 활동을 하는 이유는 무엇이었을까? 아마도 학생들이 이미 가지고 있는 변화의 욕구, 주인으로서의 욕구 때문은 아니었을까?

오늘을 살고 있는 수많은 학생들이 그러한 욕구를 마음껏 표출할 만큼 우리의 교육 환경이 넉넉하지 못하다. 아무리 자신의 욕구를 표출하고 싶을지라도 우리 학생들은 친구와의 경쟁, 점수와의 경쟁에 온 에너지를 쓰는 경우가 많다. 그러나 다행스럽게도 우리는 체인지메이커들을 필요로 하는 세상을 만났다. 학교 밖에서는 변화를 만들어 가는 체인지메이커들을 주목하고 있다. 최근, 미래교육, 혁신교육을 지향하며 학교교육에서도 체인지메이커로서의 역량을 키우도록 요구하고 있다. 이미 수많은 학교와 교육자들이 이러한 움직임을 함께하고 있다. 즉, 진짜 배움, 진짜 가르침, 진짜 변화를 만들어 가는 체인지메이커 무브먼트가 시작된 것이다.

학교는 세상에서 가장 큰 NGO

학생들이 학교에서 경험한 것들은 어떤 형태로든 사회적 기여와 관련되어 있다. 순수한 동기에 의해 시작된 순수한 활동들이다. 학생들은 미래의 사적인 삶을 준비하기 위해 학습하기도 하지만 공동체의 일원으로서 비영리적이고 공적인 삶을 경험하기도 한다. 학생들은 세상을 '바꾸기' 위한 활동도 하지만, 자신이 살아갈 세상을 '가꾸기' 위한 활동도 하는 셈이다. 그래서 나는 세상을 바꾸고, 가꾸기 위한 활동들로 가득 찬 학교를 세상에서 가장 큰 NGO라고 말한다. 학교를 졸업한 후 사적인 삶을 열심히 살아가더라도 학창 시절 경험한 일종의 NGO 활동이 공동체 문제에 대한 공감과 참여로 이끌 것이라 생각한다.

아직과 이미 사이

우리 모두는 '아직'과 '이미' 사이에 서 있다. 변화를 만들기에는 '아직' 준비가 되어 있지 않다고 말할 수도 있다. 그러나 체인지메이커들은 '이미'의 가능성에 초점을 맞춘다. '이미' 변화를 만들고자 하는 열정이 자기 자신에게 있고, '이미' 함께 꿈꾸고 행동하는 사람들이 우리 곁에 있다. 이 책은 '아직'과 '이미' 사이에서 체인지메이커 교육을 실천한 소박한 이야기이다. 아직 큰 변화를 만들었다고 말하기는 어렵지만 이미 소소한 변화를 실천한 이야기이다. 그리고 '아직'과 '이미' 사이에서 고민하고, 벽에 부딪히고, 나름의 해법을 발견한 이야기이기도 하다.

1장에서는 체인지메이커 교육에 대한 현장 교사의 견해를 담았다. 체인지메이커 교육이 무엇인지를 묻는 분들이 나름의 관점을 형성하는 데 도움이 되기를 바란다. 2장에서는 수업 시간에 체인지메이커 교육을 실천한 경험을 담았다. 수업이라는 공식적인 교육과정 안에서 체인지메이커 교육의 관점을 일관성 있게 반영하고자 노력한 이야기이기도 하다. 3장은 동아리 혹은 방과 후 활동으로 체인지메이커 교육을 실천한 경험을 담았다. 수업보다는 조금 더 자유롭게 그러나 구체적으로 활동을 지원하고자 할 때 참고가 되리라 생각된다. 4장은 학생들의 체인지메이킹 이야기를 담았다. 학생들의 이야기를 세밀하게 살펴보면 부족한 부분도 많을 것이다. 그러나 학생들이 장기간 특정 문제에 공감하고 행동한 이야기들이라 의미가 있다. 마지막 부록에서는 체인지메이킹 활동 기획을 돕는 설계 카드 활용법을 안내하였다. 학생 주도의 체인지메이커 활동을 시작하고자 하는 선생님 혹은 학생들에게 도움이 될 것이다.

체인지메이커 교육은 정답이 있는 활동이 아니다. 선생님과 학생들이 처한 상황에 따라 다양한 체인지메이커 교육이 가능하다. 이 책의 이야기들도 필자가 처한 상황에서 수많은 사람들의 지원과 도움을 통해 만들어졌다. 우선, 다른 학생들이 주목하지 않는 문제에서 색다른 보상을 구하며 끊임없이 도전한 학생들의 도움이 가장 컸다. 그들은 학생 체인지메이커로서 늘 많은 자극을 주었고, 교사 체인지메이커의 동력이 되어 주었다. 그리고 언제나 학생 체인지메이커들의 활동에 대해 따뜻한 격려와 냉정한 조언을 해 준 학교 내 동료들의 도움, 학생 체인지메이커들이 활동할 수 있는 학교 환경을 만들고 아낌없이 응원해 주신 교장, 교감 선생님들의 도움은 체인지메이커 학교 문화 형성에 결정적인 영향을 주었다. 또한 사회 혁신가들을 연결하고 영감을 주고 있는 아쇼카(한국), 청소년들의 체인지메이커 생태계 조성에 앞장서고 있는 유쓰망고와 오랜 벗들의 도움은 학교 안에서 체인지메이커 교육을 하는 교육자에게 든든한 버팀목이 되었다. 마지막으로 누구보다 체인지메이커 활동을 지지해 준 아내와 아이들, 이 이야기를 많은 사람들에게 전할 수 있게 해 준 푸른칠판은 또 하나의 체인지메이커로 함께했다. 사실상, 이 책은 그들과 함께 쓴 이야기이다. 내가 그러했듯이 이 책을 읽은 누군가가 체인지메이커 교육, 체인지메이커 학교 문화, 체인지메이커 사회 생태계를 만들어 가고자 할 때, 작은 도움이 되기를 바라 본다.

2019년 11월
체인지메이커 교사 이은상

CONTENTS

체인지메이커 교육의 이해

체인지메이커 교육에 대한 현장 교사의 관점과 해석에 관한 이야기이다.
체인지메이커 교육을 실행하기 전, 활동 목표와 방향을 세우는 데 참고가 될 것이다.

1. '체인지메이커'의 의미

체인지메이커Changemaker

'체인지메이커'라는 단어를 들어본 적이 있는가? 최근, 기업, 학교, 공공기관, 지방자치단체 등에서 강조하는 단어이지만 '체인지메이커'는 많은 사람들에게 익숙한 단어가 아닐 수 있다. 실제로, 체인지메이커를 구글트렌드°에서 검색해 보면 다음 그림과 같이 나타난다. 구글트렌드 검색만으로 체인지메이커가 우리나라에서 얼마나 관심을 받았는지는 알 수 없지만, 최근 5년(2014~2018) 동안 아메리카와 유럽, 아시아권의 다른 나라(싱가포르, 인도 등)에 비해 상대적으로 관심도가 낮다는 것은 분

• https://trends.google.co.kr/trends/explore?q=changemaker

구글트렌드 - changemaker - **전 세계 / 지난 5년**(2019. 9. 27. 기준)

명하게 알 수 있다.

각 지역에서 체인지메이커가 같은 의미로 사용되는지는 알 수 없다. 다만, 미국의 비영리단체, 아쇼카Ashoka 창업자인 빌 드레이튼이 1981 년 인도 봄베이에서 처음으로 '체인지메이커Changemaker'라는 단어를 사용한 이후 현재 90여 개 국에서 '아쇼카 펠로우'를 선정하고 있다는 점을 미루어 볼 때, 체인지메이커와 아쇼카는 큰 연관성이 있음을 알 수 있다.

아쇼카는 'Everyone a Changemaker'라는 구호를 걸고, 체인지메이커로서의 사회적 기업가를 지원하며 양성하고 있다. 여기서 사회적 기업가와 체인지메이커의 의미는 다소 구분된다.

빌 드레이튼은 '사회적 기업가'란 '변화를 창조하되 기존의 시스템과 다른 방식으로 문제를 해결하거나 사회 전체의 프레임을 바꾼 기업가'를 의미한다고 설명하였다. 따라서 모든 사회적 기업가는 체인지메이커에 해당한다. 그렇다면 모든 체인지메이커가 사회적 기업가일까? 체인지메이커를 처음으로 언급한 빌 드레이튼 역시 이 단어의 의미를 시대정신과 관련하여 설명하였다. 그리고 극소수에 해당하는 사회적 기업가보다는 대중성의 의미를 지닌 말로 설명한 바 있다.

체인지메이커는 우리가 잘 알고 있는 '체인지change'와 '메이커maker'를 합성한 단어이기에 단순하게 생각하면 '변화를 만드는 사람들'이라고 해석할 수 있다. 이렇듯 단어의 표면적인 의미를 이해하는 것은 어렵지 않다. 다만, '전체는 부분의 합, 그 이상이다'는 말처럼 체인지메이커는 체인지와 메이커를 합성한 것 이상의 의미를 담고 있다.

체인지메이커는 '결과형'이기보다는 '목적형' 대상이다. 객관적인 자료에 근거하여 결과적으로 입증되는 사람들이기보다는 사용하고자 하는 사람 혹은 단체가 목적하거나 도달하고자 하는 이상향을 표현할 때 '체인지메이커'라는 말을 사용하는 경우가 많다.

사람마다 각자가 생각하는 이상향이 다르기 때문에, 체인지메이커가 '이런 사람들이다'라고 단정지어 말하기는 어렵다. 이것이 체인지메이커가 무엇인지를 명확하게 설명하기 어려운 이유이기도 하다.

다만,
변화의 주인이 되고자 하는 사람,

변화를 만들어 가는 사람들이
'체인지메이커'임은 분명하다.

체인지메이커의 특성

체인지메이커에 대해 한마디로 정의 내린 문서들은 찾아보기 어렵지만, 그들이 갖는 특성 혹은 자질에 대해 언급한 글들은 종종 찾아볼 수 있다. 아쇼카 유스벤처 프로그램(청소년 체인지메이커 교육)에서는 체인지메이커의 자질로서 '공감 능력, 팀워크, 리더십, 문제 해결 능력'을 강조하고 있다. 이러한 자질을 갖춘 사람들이 곧 체인지메이커가 되는 것이 아니라, 체인지메이커로서 성장하고 활동하기 위해서는 이러한 자질들을 갖춰야 한다고 표현하는 것이 올바른 해석일 것이다.

체인지메이커들은 자기주도적인 사람들이면서도, 나와 관계된 사람과 현상에 관심을 갖고 이해관계자의 관점에서 생각해 보는 사람들이다. 자신에게만 집중해서는 변화를 이뤄 낼 수 없다. 변화를 만들어 가는 일은 다양한 스펙트럼으로 나타나는데, 보다 많은 사람들과 함께 일할수록 더욱 큰 변화가 만들어진다. 따라서 체인지메이커에게는 팀워크, 혹은 협업 능력이 필요한 것이다. 협업의 장에서는 모두가 리더이다. 누군가가 독점적인 권력을 행사하는 것이 아니라 모두가 변화의 주인이자 리더로서의 책임감과 권한을 행사해야 할 시대이다. 이러한 사람들은 행동을 통해 문제를 해결해 간다. 문제 해결 능력은 문제를 해결할 지식과 태도뿐만 아니라, 실제로 행동할 수 있는 능력까지 포함한다. 따라서 체인지메이커를 이렇게 정의해 볼 수 있다.

체인지메이커는 공감으로부터 시작하여
협력적인 리더십을 발휘함으로써
실제 행동을 통해 문제를 해결해 가는 사람들이다.

이러한 체인지메이커에 대한 정의가 일종의 기준으로 작용하여 '모두가 체인지메이커'가 아닌 '특정인이 체인지메이커'가 되는 오류를 범할 수도 있다. 그렇기 때문에 체인지메이커는 '결과형'보다는 '과정형'으로 해석해야 한다. 자신과 연결된 문제들을 실제 행동을 통해 해결해 가고 있는 사람이 있다면 그는 체인지메이커이다. 아직 완벽히 해결하지 못했더라도 그러한 '과정'에 있다면 체인지메이커로서 지지받기에 충분한 것이다.

일상에서 그러한 삶의 여정을 보내고 있는 우리들은
모두가 체인지메이커이다.

2. 체인지메이커들의 변화 메커니즘

공감의 뿌리, 줄기, 열매

체인지메이커들에게 중요한 자질 중 하나는 '공감empathy'이다. 그렇다면 공감이란 무엇일까? 공감은 연민이나 동정과 유사한 의미로 사용되기도 하는데, 이 단어를 한자인 共感(공감)으로 표현하면 이해하기 쉽다. '함께 느끼는 것'. 타인의 마음을 함께 느끼는 상태가 바로 공감이다. 즉, 공감을 잘하는 사람들은 자기중심성에서 벗어나 다른 사람들의 마음을 헤아려 보고 나의 마음과 둘 아닌 상태가 된다. 현대사회의 다양한 문제들이 대부분 '나' 중심적인 사고와 생활 습관으로 인해 발생하는 것으로 미루어 보아도, 최근 공감이 왜 강조되고 있는지를 이해할 수 있다.

현대사회를 살아가는 모두에게는 공감이 필요하다. '공감의 시대' 라고 언급한 제러미 러프킨의 말을 빌려 보면 우리는 '공감이 필요한 시대'를 살고 있는 것이 분명하다. 자신의 변화를 넘어 사회의 변화를 꿈꾸는 체인지메이커들이 행동을 시작하는 이유, 어려움 속에서도 힘을 잃지 않는 동력, 진짜 변화를 만들어 내는 비결은 바로 공감에 있을 것이다.

미래 사회에서 아무리 기술이 발달한다고 해도 인간이 지닌 중요한 영역이자 인공지능과 구분할 수 있는 능력으로 여겨지는 것이 바로 '공감'이다. 체인지메이커들이 변화를 만들어 가는 데 핵심적인 역할을 하는 공감은 어디에서 시작하고 또 어떤 영향력을 미칠까? 체인지메이커들이 만들어 내는 변화는 어떤 메커니즘이 작동한 결과일까? 바로, '연결-공감-감사-행동-변화'의 메커니즘이 작동한 결과라고 할 수 있다.

연결과 공감

공감이 타인에 대한 동정이 아닌 '내가 당신과 함께 있고, 같은 것을 느끼고 생각하고 있다.'는 것을 의미한다면 물리적인 연결뿐만 아니라 마음의 연결이 선행될 것이다. 연결되어 있지 않은 상태, 연결되어 있음을 자각하지 않은 상태에서의 공감이란 문자로서의 공감만 존재할 뿐 실체가 없다. 우리가 누군가에게 혹은 무엇인가를 공감할 때에는 그

또는 그것과 연결되어 있음을 인지한 상태일 것이다.

체인지메이커의 변화 여정

이러한 공감은 연결에 대한 자각의 정도에 따라 달라진다. 학생들이 자발적으로 중동의 난민들, 아동 노동으로 고통받고 있는 아프리카 어린이들을 위한 프로젝트 활동을 하는 것, 일반 시민들이 매달 NGO에 후원을 하는 것도 공감 이전의 '연결'을 자각한 까닭이다. 물론 이러한 메커니즘이 자동화되어 있는 공감의 고수들도 있고, 연결에 대한 자각 없이 연민으로 시작해서 연결을 자각하는 사람들도 있다. 교육 장면에서 공감 대화, 인터뷰, 역할극 등을 시도해 보는 것, 사회 곳곳의 다양한 문제 사례들을 학생들에게 제공하는 것은 우리가 연결되어 있음을 자각하게 하려는 의도와 관련된다.

공감과 감사

연결에 대한 깊은 자각은 공감으로 이어지고, 상대에 대한 감사로 이어진다. 공감의 상대로 존재함에 대한 감사뿐만 아니라 우리가 연결되어 있음에 대한 감사, 상황은 다르지만 각자의 자리에서 자기 몫을 해 주는 것에 대한 감사일 것이다. 이러한 감사들은 선한 행동 혹은 이타적인 행동으로 이어질 수 있다.

공감과 행동 사이의 감사가 반드시 밖으로 드러나는 것은 아니다. 그렇지만 체인지메이커 변화 여정에서 감사가 중요한 이유는 감사의 유무에 따라 행동의 모습이 다르게 나타나기 때문이다. 한번 생각해 보자. 우리의 행동은 무엇으로부터 시작될까? 무엇이 우리를 행동하게 할까? 상대방의 마음과 상황에 공감했다 하더라도 '원망'을 바탕으로 한 행동이 변화로 나타날 수도 있다. 그때의 행동이 변화를 만들었다고 하더라도 그 행동과 변화는 다른 사람들에게 어떻게 받아들여질까? 그리고 행동의 결과로 나타난 변화가 얼마나 지속될 수 있을까? 학생들과 체인지메이커 활동을 하다 보면 종종 분노와 원망, 혐오로부터 행동이 시작되는 경우를 발견하게 된다. 이러한 경우에는 자신들이 공감한 대상에 대한 정보는 확보했을지 모르지만 다른 측면들을 고려하지 못하고 감정적으로 접근하게 된다. 감정적으로 접근하다 보니 성급한 행동을 하게 되고 지속 가능한 해결책을 마련하기 어렵다.

'감사'에서 비롯된 행동은 타인을 위한 시혜적 행동과는 분명 다르다. 깊은 연결, 깊은 공감, 깊은 감사에서 비롯된 행동은 강자가 약자를 도와주는 것이 아닌, 당위적 행동, 자연스러운 행동이다. 이것은 '누군가에게 무엇을 해 주었다'는 방식에서 '내가 내 몫을 했다.'는 방식의 행동으로 나타난다.

즉, 깊은 감사를 통한 행동이 만들어 낸 변화는 지속 가능하다. 자신의 행동에 대한 대가를 다른 사람에게 바라지 않기 때문이다. 연결에 대한 깊은 자각으로부터 발생한 것이라면 모두가 공감과 감사의 대상이며 자신은 행동과 변화의 주체가 될 것이다. 변화를 위한 변화가 아니라, 연결과 공감에서 비롯되는 변화이기 때문이다.

지금까지 우리가 만난 적 있는 변화들 혹은 변화의 주체들은 대체로 이러한 메커니즘(연결-공감-감사-행동-변화)으로 설명할 수 있다. 물론, 메커니즘의 5가지 요소들이 '모두', '선형적'으로 작동하지 않을 수 있다. 공감 과정에서 연결을 자각하는 경우도 있고, 행동하는 과정에서 깊은 감사를 느끼는 경우도 있을 것이다. 또한, 변화가 만들어진 이후에 더욱 깊은 연결을 자각하고 다시 변화로 이어지는 경우도 있을 것이다. 공감을 공감만으로 생각하지 않고, 공감의 뿌리와 그 줄기와 열매를 함께 생각해 보는 것. 이는 체인지메이커가 되고자 하는 사람, 체인지메이커들을 길러 내고자 하는 사람들에게 필요한 메커니즘이 될 것이다.

공감의 뿌리는 '연결'에 대한 자각
공감의 줄기는 '감사와 행동'
공감의 열매는 '지속 가능한 변화'

3. 학생들에게
체인지메이커 교육이 필요한 이유

체인지메이커 교육의 목표

변화하는 사회에 필요한 인간상 혹은 인재상으로 체인지메이커가 관심받게 되면서, 그러한 사람들을 길러 내는 교육도 동시에 관심을 받고 있다. 앞에서 언급한 바와 같이 체인지메이커는 어떤 집단이나 단체가 추구하는 인간상을 의미하는 경우가 많다. 또는 체인지메이커들을 길러 내거나 발굴하고자 하는 사람들이 많이 사용하기도 한다. 체인지메이커를 필요로 하는 시대인 만큼 체인지메이커 교육 역시 강조되고 있는 것이다. 체인지메이커가 반드시 교육을 통해 길러지는지에 대한 의문은 들 수 있겠지만, 체인지메이커 교육을 통해 그 가능성을 높일 수 있다는 데에는 대체로 동의할 것이다.

체인지메이커가 이 사회에 필요한 이유를 설명할 때, 많은 사람들이 현재 우리 사회가 직면한 다양한 문제들을 해결하는 사람 혹은 변화되고 있는 사회에 필요한 역량을 갖춘 인재들을 언급하고는 한다. 이는 체인지메이커라는 단어의 특성을 반영하듯, '변화'에 맞서서 '변화를 만들어 가는 사람들'이 이 사회에 필요하다고 강조하는 입장이라고 해석된다. 이러한 논리에 대해 완전히 부정할 수는 없다. 어떤 시대를 막론하고 체인지메이커들이 기존의 인간상과는 차별화되는 역량을 발휘하며 새로운 사회를 만들어 온 것은 자명한 사실이기 때문이다. 즉, 시대적 변화가 나타나고 있는 시기에는 늘 체인지메이커들이 있었다. 이런 논리를 적용한다면 체인지메이커 교육의 목표는 사회에 필요한 역량을 갖춤으로써 변화를 선도하는 사람들을 양성하는 것이 될 것이다.

그러나 이러한 논리에 숨어 있는 아쉬움을 발견한다. 앞서 살핀 바와 같이 체인지메이커는 누구나 될 수 있는 '대중성'이 있는 개념이라고 했다. 그러나 시대적 변화를 선도하는 사람들을 양성하는 것이 체인지메이커 교육의 목표가 된다면 누구나, 모두가 체인지메이커가 될 수 있다는 개념과는 거리감이 느껴진다.

체인지메이커 교육은 그것의 필요성보다는 '당위성'이 강조되어야 한다. 그런 관점에서 본다면, 다음의 세 가지 측면에서 체인지메이커 교육이 필요하다고 설명할 수 있다.

체인지메이커로서의 인간
Homo Changemakers

> "인간은 체인지메이커이기에 태어났고,
> 체인지메이커로서 성장해 왔다."

 하나의 생명체가 만들어지고 태아가 엄마 배 속에서 세상으로 나오는 과정, 태아가 세상 밖에서 인간으로서의 면모를 갖춰 가는 과정은 현재를 극복하고 새로운 내일을 만들어 가는 과정이다. 여러 번 넘어져도 다시 일어나고, 궁금한 것들을 질문하고, 새로운 놀잇감을 만들어 가며 인간은 성장한다. 수많은 실패를 만나면서도 다시 일어섬으로써 자신만의 세계를 만들어 가는 우리 모두는 본래 체인지메이커이다. 본래 체인지메이커인 우리들에게 체인지메이커가 되어야 한다고 말하는 사회에 우리는 살고 있다.

 체인지메이커들이 우리 사회에 필요하다는 것을 자각하고 보니 필요에 비해 체인지메이커들이 부족하거나 교육 시스템을 통해 길러지지 않고 있음을 인식하게 되었을 것이다. 왜 이러한 현상이 발생하였을까? 어쩌면 이미 가지고 태어난 체인지메이커로서의 정체성을 성장 과정에서 잃어버린 것은 아닐까? 틀에 박힌 교육을 통해 아이들에게서 체인지메이커성을 박탈하고 과거의 습관에 안주하게 만들어 버린 것은 아닐까?

 무(無)에서 유(有)를 창조하듯이 체인지메이커를 새로운 개념으로 생각하기보다는 우리 아이들에게 본래 있던 체인지메이커로서의 정체성을 회복시켜야 할 때이다. 이를 위해서는 가정에서, 학교에서, 마을에서의 체인지메이커 교육이 필요하다. 그리고 사회 전반적인 문화 또한 달라져야 할 것이다.

체인지메이커로서의 시민
Citizen Changemakers

"한 사회의 주체는 시민이며, 그 사회를 움직이는 것은
성숙한 시민들이다"

한 사회는 수많은 시민들로 구성되어 있다. 민주국가는 시민들로 구성되며 시민들의 합의에 의해 만들어진다. 국가 혹은 사회가 시민들에 의해 구성된다면 현대사회에 일어나고 있는 수많은 문제들도 사회의 주체인 시민들의 관심에 의해, 합의에 의해, 참여에 의해 해결될 수 있다. 단순히 선거권을 가진 사람으로서의 시민이 아니라 사회의 당당한 주체로서의 '성숙한 시민'이 많은 사회일수록 민주적이고 합리적인 방법으로 당면한 문제들을 해결해 나갈 수 있을 것이다.

성숙한 시민이라면 사회현상에 관심을 갖고, 기본적인 교양을 갖추고 있으며 자신은 물론이고 공동체와 관련한 문제에 참여하여 해결하고자 할 것이다. 이러한 특성에 기초할 때, 성숙한 시민이란 바로 '체인지메이커'라고 말할 수 있다. 우리 사회는 성숙한 시민, 즉 체인지메이

커들에 의해 발전해 왔다. 현대사적 흐름을 살펴보더라도 성숙한 시민의 역할은 매우 중요했다. 4.19, 5.18, 6.10 민주화 운동 그리고 2000년대에 일어난 크고 작은 시민사회의 움직임들은 불합리한 것을 개선하고자 참여한 성숙한 시민들 없이는 불가능했다. 우리나라의 민주화에 대한 진전은 소수의 시민이 아닌 다수의 성숙한 시민들이 이룬 업적이다. 즉, 다수의 체인지메이커들에 의해 우리 사회가 점차 성숙해지고 발전해 왔다고 할 수 있다.

그렇다면 우리 아이들은 어떤 시민이어야 할까? 어떤 시민으로 성장해야 할까? 미래의 성숙한 시민이 될 때까지는 현재의 미성숙한 시민으로 살아도 되는 것일까? 아마도 여기에 동의하는 사람들은 많지 않을 것이다. 현재를 성숙한 시민으로 살아갈 때, 미래에도 성숙한 시민으로 살아갈 수 있을 것이다. 어린 시절에 불합리와 비민주적인 삶의 방식을 학습한다면, 어른이 되어서도 이러한 삶의 방식을 쉽게 바꿀 수 없을 것이다. 우리 아이들은 한 사회의 동등한 시민이며 체인지메이커 교육을 통해 성숙한 시민으로 성장할 수 있다. 개인은 물론이고 더불어 사는 삶의 방식을 몸에 익히는 어린 시절의 체인지메이커 교육이 더욱 절실하게 필요한 이유이다.

체인지메이커로서의 학습자
Learning Changemakers

> "체인지메이킹은 다양한 역량을 발휘하는
> 종합적인 활동이다."

　사회 변화에 따라 학습자를 바라보는 관점도 달라져야 한다는 요구가 늘어나고 있다. 단순히 지식을 습득하는 학습자가 아니라 다양한 상호작용을 통해 지식을 구성해 나가는 학습자, 아는 것을 행할 수 있는 학습자, 행하면서 지식을 구성해 가는 학습자 등에 대한 관심이 높아지고 있다. 많은 선생님들이 체인지메이커 교육을 선택하는 이유 중 하나는 교육 패러다임 변화와 체인지메이커 교육이 어느 정도 부합하기 때문일 것이다.

　체인지메이커 활동은 특정한 지식, 특정한 역량만을 활용하는 활동이 아니다. 사회현상 혹은 사람들에 대한 공감, 논리적인 사고에 의한 문제 분석, 다양한 자료 수집, 협력에 의한 문제 해결, 깊이 있는 성찰과 다양한 사람들과의 공유 등은 체인지메이커 활동 과정에서 발휘되는 역량들이다.

　그러나 체인지메이커 교육을 통해 이러한 역량들이 길러진다고 하고 싶지는 않다. 역량 습득을 위해서 체인지메이커 교육이 활용되는 것은 본말이 전도되는 것일 수 있기 때문이다. 체인지메이커 교육은 일종의 체인지메이커로서 경험하는 활동이며, 그 과정에서 필요한 역량들을 사용해 보고 자신에게 부족한 부분을 발견하는 기회이다. 체인지메이커 활동을 하며 만나는 수많은 어려움과 부족한 부분들을 학습을 통해 보완하며 자신의 한계를 극복했다면, 어떤 형태로든 역량이 길러지지 않았을까?

단기간의 체인지메이커 교육을 통해 어떠한 역량이 신장되었다고 말하기는 어렵다. 그러나 학생들이 어렸을 때 경험한 체인지메이커 활동은 성인이 되어서도 일종의 삶의 방식 혹은 사고방식으로 작용할 것이 분명하다. 체인지메이커 교육에 진지하게 참여한 학생들을 보면 그러한 모습이 관찰된다. 특히, 체인지메이커라는 용어를 처음으로 사용한 빌 드레이튼 역시 아쇼카에서 선정한 사회적 혁신가 펠로우들이 공통적으로 어린 시절에 체인지메이커 경험을 했다고 설명한 바 있다.

체인지메이커 교육 vs 체인지메이킹

'체인지메이커 교육'과 '체인지메이킹 활동'은 유사한 용어이지만 초점이 다소 다르기 때문에 구분하여 사용할 수 있다. 체인지메이커 교육은 체인지메이커로서의 가치를 인식하고 체인지메이커들의 활동 과정을 경험해 보는 것이다. 한편, 체인지메이킹 활동은 자기 주도성과 자발성, 실제 행동을 더욱 강조한다.

체인지메이커 교육과 체인지메이킹 활동은 서로 보완적인 성격을 가지고 있다. 체인지메이커 교육을 통해 체인지메이킹 활동을 더욱 효과적으로 진행할 수도 있고, 체인지메이킹 활동 과정에서 체인지메이커 교육의 필요성을 인식할 수도 있다. 단, 초입자에게는 체인지메이커 교육이, 유경험자에게는 체인지메이킹 활동이 더 적절하다고 생각한다. 체인지메이커 교육은 전체 과정을 경험하는 것에 초점을 두고, 체인지메이킹 활동에서는 자신이 발견한 문제를 해결하는 데 초점을 두기 때문이다.

두 개념 모두 학생들이 중심이 되는데, 체인지메이커 교육은 교수학습과 학습환경 설계에 대한 교사의 개입이 조금 더 적극적이다. 따라서 나는 체인지메이커 교육은 교과 학습 시간에, 체인지메이킹 활동은 자율 동아리를 구성하여 진행하고 있다. 교과 학습을 통해 자율 동아리를 신청하는 경우와 같이 학생들은 체인지메이커 교육을 통해 체인지메이커로서의 삶을 경험하고 체인지메이킹 활동을 지속하려고 한다.

4. 학교 체인지메이커 교육의 유형

자발성과 주도성의 관점에서 본 체인지메이커 교육

체인지메이커를 양성하기 위한 교육은 여러 기관 및 단체에서 이뤄지고 있다. 초·중등학교, 비영리단체, 사회적 경제 센터, 진로직업 센터, 기업, 교육청 등에서 각 기관의 목적과 특성에 맞는 체인지메이커 교육을 실시한다. 각 기관이나 단체의 특성과 결합함으로써 다양한 모습의 체인지메이커 교육이 나타나고 있다. 즉, 체인지메이커 교육은 상당히 폭넓은 스펙트럼을 지니고 있다. 변화의 주체로서 변화를 만들어 가는 사람들을 양성하기 위한 교육, 모두가 체인지메이커라는 정체성을 발현하는 교육이라는 본질에서 벗어나지만 않는다면, 체인지메이커 교육의 다양성은 긍정적으로 보인다.

여기서 소개하려는 내용은 학교 체인지메이커 교육이 나타나고 있는 양상 혹은 유형들이다. 학교에서 학생들을 지도해 본 경험에 근거하여 체인지메이커 교육의 유형을 크게 네 가지로 구분해 보았다. 이렇게 유형을 구분하는 이유는 체인지메이커 교육을 처음 접하거나 시도해 보고자 하는 선생님들이 스스로 어떤 교육을 하고자 하는지를 생각해 보도록 하기 위해서이다. 학생과 선생님이 처한 상황에 따라 체인지메이커 교육은 다른 양상으로 나타날 수 있는데도, 선생님은 이상적인 결과가 나오기를 기대할 수 있다.

여기서는 학생의 자발성과 주도성을 기준으로 체인지메이커 교육을 네 가지 유형으로 구분하였다. 학교라는 제도적인 공간에서 학생들은 체인지메이커 교육에 자발적으로 참여하기도 하지만, 선생님의 신념 혹은 학교의 정책에 따라 비자발적인 참여를 하기도 한다. 또한, 체인지메이커 교육의 출발선 상에서 학생들이 활동의 주도권을 갖는 경우도 있지만 선생님이 주도권을 갖고 학습환경을 설계하는 경우도 있다. 다음의 그림과 같이, 자발성과 주도성을 기준으로 체인지메이커 교육을 구분하였을 때 나타나는 유형은 프로젝트 팀형(A유형), 초기 동아리형(B유형), 교육과정 중심 수업형(C유형), 체인지메이킹 중심 수업형(D유형)이다.

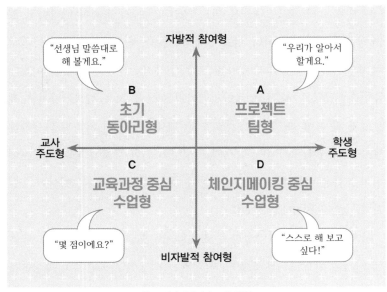

학교 체인지메이커 교육 유형

프로젝트 팀형 (A유형) 위의 그림을 선생님들에게 보여 주고 어떤 유형을 학교에서 해 보고 싶은지 물어보면 단연 A유형, 즉 프로젝트 팀형이라고 말한다. 학생들이 자발적으로 참여하여 주도권을 갖고 프로젝트를 진행하는 것이 선생님들에게는 가장 이상적인 형태일 것이다. 프로젝트 팀형에서 학생들은 주로 동아리 혹은 팀 단위로 활동한다. 이들은 이미 체인지메이킹할 문제를 가지고 있거나 문제가 발견되면 즉각적인 행동에 나설 가능성이 큰 학생들이다. 이때 선생님은 조력자 혹은 촉진자가 된다. 이 유형의 학생들은 선생님이 지나치게 개입하는 것을 좋아하지 않는다. 체인지메이커 교육에서 권장하는 단계와 절차를 참고하거나 수용하는 경우도 있지만 자신들이 활동 방법을 스스로 개발하거나 일단 행동하고 보자는 식으로 접근하는 경우도 있다. 학생들은 주도적으로 프로젝트를 기획하고 설계하기도 한다.

그러나 여기서 주의할 것은 학생들에게 활동의 주도권이 있다고 해서 교육자의 역할이 전혀 없는 것은 아니다. 선생님은 이들이 경험하게 될 오류나 실패 가능성을 조언하고 성공 가능성을 높여 주는 역할을 해야 한다. 따라서 활동 전에 학생들과 몇 가지 규칙이나 약속을 정할 필요가 있다. 예를 들면, 팀에서 정한 결정을 행동에 옮기기 전에 선생님과 상의하기, 행동의 결과 예측하기 등을 규칙으로 정할 수 있다. 물론, 선생님의 조언을 반영하는 것은 프로젝트 팀의 몫이다. 자발성과 주도성이 뛰어난 학생들은 체인지메이킹을 성공적으로 진행할 좋은 조건을 지녔다. 그런 만큼 선생님은 지속 가능한 방식으로 프로젝트를 진행할 수 있도록 조언하고, 때로는 팀의 활동이 목적한 것 이상으로 과열되지 않도록 관찰해야 한다.

초기 동아리형 (B유형) 체인지메이커 교육을 하는 교육자들의 상당수가 동아리 활동으로 시작한다. 수업 시간에 하고 싶어도 교육과정에 대한 부담이 있기 때문이다. 한편, 동아리 활동은 수업 시간보다는 자율성이 있기 때문에 보다 수월한 측면이 있다. B유형은 초기 동아리형으로 학생들이 자발적으로 신청하여 모집되지만 주도적으로 동아리를 이끌어 갈 수는 없는 상태이다. 체인지메이커 동아리에 호의적인 마음은 있지만 스스로 프로젝트를 진행할 역량이 뒷받침되지 않는 상황일 수 있다.

이런 경우, 동아리를 지도하는 선생님은 동아리 학생들이 활동할 수 있는 길잡이 역할을 해야 한다. 이 동아리가 무엇이고 어떤 역할을 하게 될 것인지를 설명해 주는 것으로 시작하여 초기에는 각 단계별로 활동을 안내해 줘야 한다. 프로젝트를 스스로 기획하거나 설계하기 어려운 경우 학생들은 선생님에게 의존하게 된다. 때로는 자신이 체인지메이킹할 문제 상황을 발견하는 것부터 힘들어할 수도 있다. 이럴 경우, 선생님은 보다 구체적인 설명 혹은 예시 문제들을 제공해야 한다. 또는 동아리 내에서 다른 친구들보다 주도성이 뛰어난 학생들에게 역할을 부여하여 동아리 활동을 이끌 수 있도록 하는 것도 좋은 방법이다. 처음에는 선생님의 개입 정도가 높지만 학생들이 체인지메이킹 활동에 적응한 이후에는 개입 정도를 낮추게 된다. 앞의 그림에서 처음에는 왼쪽에 가까웠던 동아리가 점점 오른쪽으로 이동하도록 하는 것이다. 선생님은 동아리 활동에 적합한 활동 가이드 혹은 매뉴얼 등을 준비해 두고, 동아리 상황에 맞게 적용하는 것이 좋다.

교육과정 중심 수업형 (C유형)　아마도 학교 상황에서 가장 피하고 싶은 상황이 C유형일 것이다. 학생들이 비자발적이고 주도성이 없는 상태에서는 선생님의 노력이 아무리 많이 들어가도 그만큼의 효과를 보기 어려운 경우가 많다. 게다가 체인지메이커 교육처럼 문제 상황에 대한 세밀한 관찰과 꾸준한 행동이 요구되는 활동의 경우는 더더욱 그렇다. 그럼에도 불구하고 선생님의 신념에 따라 혹은 학교나 교과 상황에 따라 교육과정 내에서 체인지메이커 교육을 실시하는 경우가 있다. 체인지메이커 교육을 교육과정 안에서 실시한다는 것은 교과 수업목표 혹은 성취기준과 연결하여 활동을 진행한다는 의미이다. 따라서 선생님은 체인지메이커 교육의 목표와 방향은 물론이고 교과 교육과정을 잘 이해한 후 일종의 교육과정 재구성을 할 것이다.

체인지메이커 교육을 진행할 수 있는 교과는 다양하다. 사회, 도덕 교과뿐만 아니라 모든 교과에서 체인지메이커 활동을 결합할 수 있다. 실제로 그런 사례는 많다. 문제는 학생들이 비자발, 비주도적이라는 점이다.

따라서 선생님은 B유형보다 잘 설계된 학습환경을 조성해야 한다. A유형과 B유형이 비구조화된 학습환경이라면 C유형은 상대적으로 구조화된 학습환경이 될 수 있다. 선생님은 교육과정과 적합한 문제 상황을 제시하고 명확한 절차와 규칙을 제시할 수 있다. 교육과정은 보통 평가를 동반하기 때문에 선생님이 제시하는 것들은 대체로 점수가 부여되는 것들이다. 학생들의 활동 여부는 평가 혹은 점수와 연결되기 때문에 이것이 참여를 위한 외적 동기가 될 수는 있다. 그러나 선생님은 체인지메이커 교육의 본래 취지가 변질되지 않도록 사전에 활동의 목적을 잘 설명해야 하며, 활동 과정에서도 적절한 피드백을 제공해야 한다. 각 단계마다 학생들에게 성찰 일기를 작성하게 해서, 참여 정도와 수준을 파악하고 있는 것이 좋다.

　C유형이 갖는 한계와 어려움에도 불구하고 우리의 교육에서 중요한 이유는 가장 공식적이면서 대중적으로 체인지메이커 교육을 실시할 수 있기 때문이다. 좋든 싫든 체인지메이커 교육을 경험하는 것은 앞에서 설명한 다른 유형의 활동들에 참여하게 되는 출발점이 될 수 있다.

체인지메이킹 중심 수업형 (D유형)　이 유형의 성격을 규정하는 것은 다소 어렵다. 학생들이 비자발적으로 참여했으나 주도성을 갖는 경우가 흔치 않기 때문이다. 그러나 이런 경우를 생각해 볼 수 있다. 평소 수업을 통해 학생들의 주도성이 이미 일정 수준으로 향상된 상황에서 선생님이 수업 시간에 체인지메이커 교육을 실시하는 경우이다. 또는 선생님이 학생들에게 수업의 주도권을 전략적으로 넘겨 놓은 상황일 수도 있다. D유형에서는 교육과정 재구성을 통해 수업 시간에 체인지메이커 교육을 진행하고 있으나, 교사가 구체적으로 설계한 학습환경이 아니라 학생들이 스스로 선택하고 기획하며 실행하게 된다. 학기(년) 말 혹은 중학교 자유학기제에서 나타날 수 있는 상황이다.

　D유형 학생들의 경우, 처음에는 공식적인 교육과정 안에서 활동이 진행되기 때문에 체인지메이커 활동에 대한 낯설음, 부담감 등을 가지고 있다. 그래서 이러한 활동을 '왜' 하는지에 대한 반감을 가질 수 있다. 그러나 활동이 진행되는 과정에서 학생들의 눈빛이 달라지기도 한

다. 물론 선생님의 조력과 촉진이 뒷받침되었을 때 그렇다. C유형에서는 선생님이 구체적인 문제 상황을 제시할 수 있으나 D유형에서는 학생들이 문제 상황을 찾고 선택하기를 권장한다. 자신이 발견한 문제에 대해 애정을 가지고 있으며 그 문제를 해결하기 위해 실제로 행동하는 것에 대한 기대감을 갖고 있다. 즉, 학생들의 주도권은 선택권을 부여하는 것에서부터 시작한다. 선생님이 정해 놓은 절차와 단계들을 학생들에게 제시할 수 있으나 이것도 예시로 활용하는 것이다. 물론 평가 상황이라면 보다 신중할 수밖에 없다.

이러한 유형의 학생들은 활동이 진행되어 가면서 점점 체인지메이킹에 몰입하게 된다. 학생들은 방과 후에도 주도적으로 문제 해결 활동에 참여하는 경우가 많다. 이 활동이 끝날 무렵 학생들은 체인지메이킹 프로젝트를 지속해 보고 싶다고 말할 것이다.

지금까지 학생의 자발성과 주도성을 기준으로 체인지메이커 교육의 유형을 구분해 보았다. 앞에서 언급한 바와 같이 이러한 유형은 체인지메이커 교육을 진행하는 선생님이 어떤 상황에서, 어떤 교육을 실시하고자 하느냐에 관한 정보를 제공한다. 목표를 A유형에 두고 있으나 학생들이 처한 현실은 C유형인 경우에는 원하는 목표에 도달하기 어렵다. 또한 선생님이 지속적으로 체인지메이커 교육을 진행하는 데 장애 요소로 작용할 수도 있다.

여기서 유의해야 할 두 가지 중 하나는 같은 학생들을 대상으로 하더라도 유형은 달라질 수 있다는 것이다. 예를 들어, 처음에는 C유형으로 시작했으나 학생들의 활동 수준에 따라 D유형으로 진행할 수도 있다. 또한, D유형으로 활동을 종료한 이후 B나 A유형으로 활동을 지속할 수도 있다. A~D유형 중 체인지메이커 교육에 적합하거나 바람직한 것이 따로 정해져 있는 것이 아니라, 모든 유형이 중요하고 필요하다. 아마도 학교 상황이라면 C-D-B-A의 수준으로 접근하는 경우가 일반적일 것이다.

두 번째는 같은 유형에 속한 학생 혹은 팀일지라도 어디에 위치하느냐에 따라 활동 모습이 다르게 나타난다는 것이다. 예를 들어, C유형의 왼쪽 하단에 위치한 학생(팀)과 원점(중앙)에 가까운 학생(팀)들은 자발성과 주도성에서 차이가 발생한다. 교육자는 이러한 상황에 대해 고려해야 한다. 각 유형에 속한 학생들의 위치는 고정된 것이 아니다. 체인지메이커 교육을 통해 그림의 왼쪽 하단에 위치한 학생(팀)들이 오른쪽 상단에 위치할 수 있도록 선생님들의 지속적인 관찰과 피드백이 필요할 것이다.

5. 체인지메이커 교육과
이웃하는 교육들

체인지메이커 교육과 유사한 최근의 교육 유형들

체인지메이커 교육은 기존의 다양한 교육 유형들과 밀접한 관련을 맺고 있다. '체인지메이커 교육'은 사회적 요구와 필요에 따라 새롭게 생긴 이름 같지만, 그 내용들을 들여다보면 사실 지금까지 존재하지 않았던 내용들은 결코 아니다. 민주시민교육, 사회 참여 교육, 기업가정신 교육, 프로젝트 학습 등의 다양한 교육 유형들이 체인지메이커 교육과 직간접으로 연결되어 있다. 기존의 교육들을 통해 체인지메이커 교육이 만들어졌거나 재구성되었을 수도 있다. 해석하는 이에 따라 체인지메이커 교육이 특정 교육 유형에 포함된다고 말할 수도 있을 것이다. 체인지메이커 교육과 다른 교육 유형들을 명확하게 구분하는 것은 쉽지 않거나 때로는 무의미한 일일 수도 있다. 다만, 어떠한 관점에서 유사하고, 차이가 있는지를 살펴보는 일은 체인지메이커 교육의 초점을 드러내고 선생님들의 선택지를 풍부하게 할 것이다.

체인지메이커 교육과 민주시민교육

학교교육의 목적 중 하나는 민주시민을 양성하는 것이다. 교육기본법 제2조에도 교육은 '민주시민'으로서 필요한 자질을 갖추도록 하는 것으로 명시하고 있다. 또한, 교육과정 총론에서도 공동체 의식을 가지고 세계와 소통하는 '민주시민'으로서 배려와 나눔을 실천하는 더불어 사는 사람을 인간상으로 제시하였다. 실제로 학생들이 학교에서 배우는 교과목의 목적에는 직간접적으로 '민주시민'의 덕목과 가치가 담겨 있다.

국가나 시도교육청 단위에서도 보다 성숙한 시민을 양성하기 위해 민주시민교육 정책을 적극적으로 추진하고 있는 상황이다. 2018년 말, 교육부는 민주시민교육*을 '비판적 사고력을 가진 주체적인 시민이 민주주의의 가치를 존중하고 서로 상생할 수 있도록 민주시민으로서의 역량을 향상시키는 교육'이라고 정의하였다. 이때, 민주시민의 역량으로, 민주주의의 기본 원리와 핵심 가치에 대한 지식과 이해, 타인의 권리와 존엄성을 존중하고 다원성을 인정하는 시민적 관용, 공공생활에

• 교육부(2018). 민주시민교육 활성화를 위한 종합계획

적극적으로 참여하고 실천하는 시민적 효능감, 사회·정치적 문제를 객관적으로 파악하는 비판적 사고력, 대화와 토론으로 문제를 해결할 수 있는 능력과 기술, 약자를 보호하고 정의와 상생의 원칙에 따른 협력과 연대 등을 제시하였다.

즉, 민주시민교육은 학생이 자신의 권리와 의무, 책임을 이해하고 스스로를 능동적인 주체로 인식하는 것에서부터 출발한다. 그리고 학생들이 미래를 위해 현재를 희생하는 것이 아니라 현재에도 당당한 시민으로서 존중받고, 시민으로서의 역량을 갖추게 하는 것이 민주시민교육이라고 할 수 있다. 즉, 민주시민교육은 교과서에 머무는 시민교육에서 벗어나 시민으로서 살아가는 데 필요한 가치, 태도 등을 갖추고 참여와 실천으로 확장해 가는 포괄적인 교육이다.

민주시민교육의 의미를 살펴보았을 때, 개인을 한 사회의 참여와 실천의 주체로 바라본다는 측면에서 체인지메이커 교육과 일맥상통한다. 특히, 민주시민교육의 여러 입장 중 문제 해결자를 양성하는 것은 체인지메이커 교육의 실제와 유사하다. 아마도 체인지메이커라는 용어가 사회적 가치를 추구하고 실현하는 사람이라는 점을 생각할 때, 체인지메이커는 곧 민주시민으로 이해된다. 그렇다면 민주시민교육은 체인지메이커 교육의 다른 이름인 걸까? 그것이 아니라면 민주시민교육과 체인지메이커 교육의 다른 점은 무엇일까?

체인지메이커가 사회적 가치의 실현을 강조하면서 출발했지만 청소년들을 대상으로 하는 체인지메이커 교육에서는 개인적 삶의 변화부터 초점을 맞춰야 한다고 생각한다. 즉, 체인지메이커 교육은 개인적 삶의 변화로부터 사회의 변화를 만들어 가는 사람들을 기르고자 하는 교육이다. 만약 부모님과의 갈등, 자신의 나쁜 습관 등을 바꾸고자 한다면, 그것은 체인지메이커 교육이 될 수 없는가? 민주시민교육이 공적 영역에서 필요한 시민성을 함양하기 위한 것이라면 체인지메이커 교육은 공적 영역과 사적 영역을 모두 포함할 수 있다. '체인지메이커'라는 용어가 사회적 기업가정신의 대중성을 확보한 의미라고 한 바와 같이, '사회문제'라는 공적 문제뿐만 아니라 사적 문제까지도 변화의 주제로 포함시킬 수 있다.

체인지메이커들의 변화는 '나'로부터 출발한다. 자신의 문제에 관심을 갖고 그것을 해결하기 위해 행동하는 것이 체인지메이킹 활동의 출발점이다. 나로부터 시작하여 지역, 국가, 세계로 자신의 관심 영역을 확장시켜 나갈 수 있다. 중요한 것은 변화의 주제가 아니라 변화의 목적이다. 부모님에게 퉁명스럽게 말하는 습관을 고치는 것은 개인적인 문제라고 볼 수 있지만 그대로 방치할 경우, 사회적인 문제로 확대될 수 있을 것이다. 나와 사회가 연결되어 있음을 아는 것, 이것은 체인지메이커가 되는 중요한 요건이다.

체인지메이커 교육과 사회 참여 교육

유엔아동권리협약 12조를 보면, '우리에게 영향을 미치는 문제를 결정할 때, 우리는 의견을 말할 권리가 있다. 어른들은 우리의 의견에 귀를 기울여야 한다.'라는 내용이 있다. 어린이, 청소년이 사회적·정치적인 의사 결정에 참여하는 것은 일종의 인권에 해당한다. 청소년들의 권리를 보장하는 법 규정은 우리나라에도 마련되어 있다. 청소년 기본법*, 청소년활동 진흥법** 등에서는 청소년들이 건전한 민주시민으로서 자랄 수 있도록 청소년의 참여를 보장하고 있다.

청소년 참여는 청소년들이 실질적인 영향력을 행사하고 의사 결정을 공유함으로써 변화를 도출해 가는 것을 의미한다.*** 청소년 참여의 본질적인 요소는 자신의 삶에 영향을 주는 것과 관련한 의사 결정에 참여하거나 영향력을 행사하는 것이며, 그 목적과 결과는 의도했던 변화를 도출하는 것이다. 청소년 참여는 이러한 본질적인 요소를 얼마나 실현하고 있는가에 따라 넓은 스펙트럼으로 나타나고 있다.

청소년의 사회 참여 교육과 체인지메이커 교육은 닮은 부분이 많다. 우선, 청소년을 변화의 주체로 인식한다는 점이다. 청소년들이 스스로 자신과 관련한 문제의 해결 과정, 의사 결정 과정에 참여한다. 참여를 통해 변화를 만들어 가는 일은 체인지메이커 교육의 핵심 요소이기도 하다. 변화를 만들기 위해 참여할 수 있는 권리를 행사하는 것이 사회

• 청소년 기본법 제5조의 2 ①청소년은 사회의 정당한 구성원으로서 본인과 관련된 의사결정에 참여할 권리를 가진다.
•• 청소년활동 진흥법 제5조 ①청소년은 다양한 청소년활동에 주체적이고 자발적으로 참여하여 자신의 꿈과 희망을 실현할 충분한 기회와 지원을 받아야 한다.
••• 한국청소년정책연구원(2017). 청소년의 지역사회 참여 모형 개발 연구. 연구보고 17-R01. 세종: 한국청소년정책연구원

참여 교육의 핵심이라고 할 수 있다.

두 교육의 핵심적 요소는 유사하지만, 실제의 사례들은 다소 차이가 있다. 예를 들어, 사회 참여 교육은 공적인 의사 결정 과정에 참여하거나 의사 결정 과정에 영향을 미치는 활동에 초점을 맞춘다. 따라서 사회 참여 교육에서는 공공정책을 제안하는 형태로 활동이 이루어지는 경우가 많다. 미국 시민교육센터에서 개발하여 약 80여 개 국가에서 활용하고 있는 '프로젝트 시티즌We the People: Project Citizen'을 살펴보면, 지역사회에서 공공정책이 필요한 문제를 확인하는 것으로부터 실제 정책을 정부나 지방자치단체에 제안하는 것으로 학생 활동을 구성하고 있다. 우리나라에서 실시하는 청소년 사회 참여 발표 대회 등도 공공정책 제안이라는 기본 틀을 유지하고 있다.

체인지메이커 교육에서도 공공정책을 제안하는 활동을 할 수 있다. 그러나 모든 해결책이 공공정책 제안이라는 형태로 수렴되지는 않는다. 학생들이 변화를 만들기 위해 선택할 수 있는 해결책은 열려 있다. 체인지메이커 교육에서는 실제의 변화를 만들기 위해 자신이 직접 행동하는 것을 보다 강조한다. 예를 들어, 청소년 인권 보장이라는 공공문제에 대해서 관련 정책을 제안하는 활동을 해결책으로 선택할 수도 있지만, 체인지메이커 활동에 참여한 학생들은 자신이 할 수 있는 범위 안에서 청소년 인권을 신장시킬 수 있는 방법을 찾을 것이다. 가령, 시민들에게 청소년의 인권 실태를 알리는 것, 청소년 인권 동화를 제작하는 것, 중고등학생들이 초등학생을 대상으로 교육하는 것 등은 체인지메이커 교육에 참여한 학생들이 실제로 행동할 수 있는 활동들이다.

체인지메이커 교육과 프로젝트 학습

프로젝트 학습은 학생들의 활동이 일종의 프로젝트를 중심으로 이루어지는 형태이다. 학교에서 많은 선생님들이 프로젝트 학습을 진행하고 있지만 아직도 명확한 정의를 내리기는 쉽지 않다. 교육적 필요에 따라 혹은 이론적 배경에 따라 프로젝트 학습Project based learning 외에도 문제 중심 학습Problem based learning, 도전 기반 학습Challenge based learning, GBSGoal based scenario 등의 교수학습 모형이 있다. 이들 각각의 특성이 있지만 문제, 시나리오, 도전 과제 등 일종의 프로젝트로부터 출발한다는 점에서 모두 프로젝트 학습이라고 할 수 있다. 프로젝트를 수행한다는 것은 프로젝트 수행 전의 상태를(현재) 프로젝트가 완료되었을 때의 상태로(미래) 만든다는 것을 의미한다. 프로젝트를 스스로 발굴하든, 타인에 의해 프로젝트가 부과되든, 현재와 미래 간의 차이가 프로젝트를 수행하는 상황이 된다.

프로젝트를 수행해야 하는 상황은 보통 '문제'로 나타난다. 여기서 '문제'는 차이, 결핍, 어려움, 필요 등을 의미한다. 그러나 '문제'가 반드시 부정적인 의미의 어려움만을 뜻하는 것은 아니다. '문제'는 프로젝트와 학습을 연결하는 매개체이자 쉽고 재미있게 수행하기 위한 촉진제이며, 실제 프로젝트와 유사한 상황으로서의 기능을 한다. 따라서 프로젝트 학습에서 문제를 어떻게 구성할 것인지가 매우 중요하다. 아마도 프로젝트 학습을 준비하는 선생님들에게 문제 설계는 가장 고민되는 부분일 것이다.

프로젝트 학습의 목적은 프로젝트를 수행하는 과정을 통해 학습하는 것이다. 학습과 무관한 프로젝트 수행은 프로젝트 학습으로 인정받기 어렵다. 따라서 프로젝트 학습에서 문제를 구성할 때에는 학습할 내용 혹은 교육과정상의 성취기준 등을 고려한다. 특히, 우리나라에서는 프로젝트가 주로 학습의 목적을 달성하기 위한 교수학습 혹은 평가 방법으로 활용되는 경향이 있다.

프로젝트 학습만큼이나 체인지메이커 교육도 포괄적인 특성을 지니고 있다. 실제 교과 교육과정의 범위 안에서 실시되는 체인지메이커 교육은 대부분 프로젝트 학습의 형태로 진행되는 것이 현실이다. 즉, 교과 목표를 실현하기 위해 체인지메이커 교육의 개념과 절차 등을 활용하는 것이다. 그러나 체인지메이커 교육에 초점을 맞춘 선생님이라면, 학생들이 사전에 체인지메이커로서의 정체성을 인식할 수 있도록 할 것이다. 또한, 프로젝트 학습의 목적을 교과 교육과정의 성취기준을 달성하는 것을 넘어서 실제 문제를 해결하고 변화를 만들어 가는 데 두었을 것이다. 이렇듯, 체인지메이커 교육과 프로젝트 학습의 차이는 활동 절차에 있는 것이 아니라, 교육의 출발점과 준비 과정에 있다.

체인지메이커 교육은 가급적 학생들이 스스로 문제를 발견하도록 하는 반면, 프로젝트 학습에서 강조되는 '문제'는 선생님이 교육과정을 고려하여 구성된다. 프로젝트 학습에서 최초 문제를 발견하는 사람 혹은 문제 해결의 필요성을 인식하는 사람은 선생님이다. 학생들은 선생님이 제시한 문제를 정확히 파악하고 해결책을 찾아 간다. 체인지메이커 교육에서도 선생님이 설계한 문제를 학생들에게 제공하는 경우가 있지만 학생들이 스스로 발견하도록 하는 것을 기본으로 한다.

학습목표 달성을 위해 실제적인 문제를 해결하는 프로젝트 학습은 변화를 위해 실제 문제를 해결해 가는 체인지메이커 교육과 다소 차이가 있다. '실제적인 문제를 해결하는가?' 아니면 '실제로 문제를 해결하는가?'의 차이로 볼 수도 있다. 이러한 측면 때문에 체인지메이커 교육은 교실 수업보다는 동아리 혹은 프로젝트 팀 단위에 보다 적합하다는 의견이 있을 수 있다. 그러나 앞에서 살펴본 바와 같이 체인지메이커 교육의 유형은 다양하다. 학생이 스스로 문제를 발견하고 지속적으로 변화를 만들어 가는 유형부터 선생님이 제시한 문제 상황의 해결책을 찾아가는 유형 모두를 체인지메이커 교육으로 볼 수 있다. 이러한 범위에서 나타나는 체인지메이커 활동들은 학생들이 갖게 되는 주도성과 자발성뿐만 아니라 문제의 실제성 측면에서도 차이가 날 수 있다. 그러나 이러한 활동을 통해 학생들이 체인지메이커로서 인식하고 실제 변화를 만들어 가는 행동으로 이어진다면 넓은 의미에서 체인지메이커 교육이 될 것이다.

체인지메이커 교육과 기업가정신 교육

기업가정신은 다양하게 정의되고 있는데, 일반적으로 혁신적인 활동을 가능하게 하는 기업가의 특성, 행동, 역량 등을 포괄하는 개념으로 인식되고 있다. 기업가정신을 갖춘 사람들은 불확실성을 감수하고 혁신적인 행동을 통해 기회를 포착하여 새로운 가치를 창출하는 특성을 보인다.

빠른 사회 변화에 따라 어느 때보다 강조되고 있는 기업가정신이 과거에는 기업의 CEO가 지녀야 할 특성으로 인식되었다면, 최근에는 기업의 전체 구성원뿐만 아니라 공공 분야 종사들에게도 중요한 특성이자 역량으로 강조되고 있다. 기업가정신의 영역에서도 사회적 기업가정신이 새롭게 나타난 것은 이러한 현실을 반영하고 있다.

사회 변화에 대응하고, 또 새로운 변화를 창조하기 위해 기업가정신이 중요해진 만큼 이러한 사람들을 양성하는 기업가정신 교육도 많은 관심을 받고 있다. 실제로 기업가정신 교육은 기업, 대학뿐만 아니라 초·중등교육에서도 진행되고 있다. 교과 교육과정에도 기업가정신에 대한 내용이 포함되어 있으며 진로교육에서도 기업가정신 교육이 이뤄지고 있다. 영리단체뿐만 아니라 비영리단체에서도 기업가정신을 키우기 위한 교육이 실시되고 있다. 물론, 기존의 기업가정신 교육이 창업 중심으로 구성되어 있다는 비판도 있다.

그러나 기업가정신 교육의 핵심은 학생들이 자기 경영을 통해 문제를 찾고 해결하는 과정에서 새로운 가치를 창출하는 데 있다.* 기업가정신 교육에서 자신이 기업가임을 인식한 후 실제적인 활동을 수행하는 것은 체인지메이커로서의 정체성을 발견하고 스스로 발견한 문제

기업가정신 교육 영역별 내용

교육 영역	핵심 주제	교육 내용
근간 찾기	• '나'를 찾기 • 진정성 찾기 • 가치 찾기	기업가정신 교육의 기초는 자신의 근간을 찾는 것이다. 이것은 다양한 타인 속에서 자신을 이해하고, 자신의 고유성과 함께 세상의 참된 가치를 인식하는 진정성 있는 태도와 마음가짐을 의미한다. 이를 통해 사회 속에서 함께 살아가기 위한 올바른 가치관을 정립하는 것이 필요하다.
기업가적 소양 갖추기	• 경제활동 체험하기 • 흥미로운 제작 경험하기 • 창의적 활동하기 • 혁신적으로 계획하기	기업가정신 교육은 기업가적 소양을 갖게 하는 것이 중요하다. 기업가적 소양은 기업가적 가치관이고, 태도를 갖게 하는 것이다. 이러한 기업가적 소양을 함양하기 위해서는 경제활동을 경험하고 생활 속에서 혁신적인 아이디어를 포착하여 제안하며, 혁신적인 제품으로 만들어 보는 흥미로운 경험을 통해 자신의 계획을 이루어 나아가는 활동이 필요하다.
기업가 되어 보기	• 기업가정신에 대해 이해하기 • 기업가적 전문성 쌓기 • 기업가로서 부딪혀 보기	청소년의 기업가정신 교육 중 심화 단계는 잠재되어 있던 기업가적 성질이 밖으로 나타날 수 있도록 기업가로서 경험을 해 보는 것이다. 청소년은 기업가정신의 의미와 중요성을 다양한 사례를 통해 몸소 체험하고, 예비 기업가로서 갖추어야 할 전문성을 함양하기 위해 기업가로서의 전반적인 과정을 한번 경험해 보는 실천적 활동이 필요하다.

를 해결해 가는 체인지메이커 교육과 유사하다고 볼 수 있다.

이러한 측면에서 기업가정신을 지닌 사람들은 체인지메이커라고 할 수 있다. 그렇다면 모든 체인지메이커들이 기업가정신을 지닌 기업가라고 말할 수 있을까? 두 교육 간의 유사성에도 불구하고 실제 교육 사례에서는 다소 차이가 있다. 기업가정신 교육이 일상의 문제를 포괄한다고 하더라도 교육 상황에서는 기업가적 전문성을 갖추고, 기업가로

• 강경균(2017). 청소년의 기업가정신 교육 모형 개발. 창의력교육연구, 17(2), 17-36.

서 경험하는 것이 핵심 내용에 포함된다. 기업가정신 교육에서는 경제 활동의 주체로서 혹은 리더로서 새로운 가치를 창출하는 것이 중요하다. 반면, 체인지메이커 교육에서는 문제가 발견되는 영역이 경제활동에 국한되지 않는다. 일반적으로 공공 분야의 사회문제를 주제로 활동이 진행되는 경우가 많지만 사적 영역의 문제들도 활동 범위 안에 포함될 수 있다.[*]

* 이은상 외(2019). 체인지메이커 교육 프로그램 개발 연구, 교육혁신 연구, 29(2), 117-146.

6. 체인지메이커 교육의 토대

학교 안에서 체인지메이커 교육을 진행하려면

모든 교육이 그렇듯, 하나의 수업을 설계하고 실행하기 위해서는 고려해야 할 맥락과 마련해야 할 토대가 있다. 체인지메이커 교육이 아무리 의미 있고, 매력적인 수업이라 해도 토대가 마련되지 않으면 의도했던 결과를 얻기 어렵다. 학생들의 선생님으로서, 학교의 구성원으로서, 한 사회의 시민으로서 체인지메이커 교육의 토대라고 생각하는 몇 가지에 대해 설명하고자 한다.

토대 ❶ 수업의 구조　프로젝트 활동은 학생 중심 수업의 한 형태로 강조되는 수업 방법이다. 그렇기 때문에 수행평가 시즌이 되면 여러 교과에서 크고 작은 프로젝트 활동들이 진행된다. 학생 관점에서는 프로젝트 활동은 흥미롭지만 부담스러운 활동이다. 하나의 프로젝트 활동을 수행하기 위해서는 기존에 학습한 내용들과 맥락적으로 연결되어야 하고, 기능적으로는 어느 정도 훈련이 되어야 한다. 프로젝트 활동에 대해 학생들이 일시적으로 흥미를 느낄 수는 있지만, 기존에 학습했던 것들과 관련이 없거나 한 번도 활동하지 않은 기능skill들을 요구하는 프로젝트 활동이라면 학생들은 활동을 진행하며 어려워하거나 지속적으로 흥미를 느끼지 못할 것이다. 이러한 현상은 교사로서 늘 가지고 있던 고민이었다. 아직 이러한 고민이 완벽하게 해결되었다고 할 수는 없지만 수업 시간에 학생들은 매 수업마다 교과 내용과 연결되는 문제 상황을 살폈고, 그 문제 상황을 개선하는 활동을 작게나마 경험했다. 성숙한 시민(=체인지메이커)이고자 했던 수업목표에 따라 학생들은 매 시간마다 조금 더 큰 프로젝트 활동을 수행하기 위해 준비한 셈이다. 예를 들어, 학생들이 프로젝트를 수행하며 각종 법 규정을 살펴볼 수 있었던 것은 '일상생활과 법'이라는 단원의 학습 활동과 무관하지 않을 것이다. 또한, 국민청원에 올라온 내용을 홍보해 주거나 직접 청원을 올리게 된 것은 기본권에 대한 학습과 어느 정도 관련이 있을 것이다.

토대 ❷ 학교 문화　학교의 전반적인 수업 문화가 학생 중심적이고 역량 중심적이라면 체인지메이커 교육에도 긍정적인 영향을 미친다.

교장실에 찾아간 학생 체인지메이커   체인지메이커 캠프에 참가한 교사들

학생들은 학교 안에서 여러 명의 선생님을 만난다. 다양한 선생님과 다양한 학습내용 및 방법을 통해 직간접으로 자신의 역량을 키워 나가고 있다. 아무리 선생님이 철저하게 준비해서 체인지메이커 교육을 하고자 해도, 학교의 전반적인 수업 철학, 수업 문화 등과 크게 다르다면 의도했던 교육을 진행하는 데 어려움이 따를 것이다. 만약 학생이 스스로 할 수 있는 힘을 믿고 선생님은 학습 활동의 촉진자이자 지원자라는 관점이 학교 문화 혹은 수업 문화에 반영되어 있다면 체인지메이커 교육은 학교 곳곳에서 이미 시작되고 있다고 말할 수 있다.

또한, 학생들의 활동을 적극적으로 지원하는 교사 문화도 중요하다. 체인지메이커 교육 과정에서 학생들은 자신의 문제가 진짜 문제인지를 알아보기 위해 가까운 어른들, 즉 선생님들을 찾아간다. 바쁜 일상을 사는 선생님들이지만 학생들의 요청에 적극적으로 도움을 준다면 학생들은 가장 좋은 어른들과 만나면서 새로운 학습을 할 것이다. 그리고 활동의 질적 수준을 높일 것이다.

학교에서 만날 수 없는 전문가들과는 학교 밖으로 나가거나 다양한 테크놀로지를 활용함으로써 연결될 수 있다. 학교와 학교 밖을 나누고 있는 경계를 낮추고 보다 개방적으로 인적·물적 자원들이 연결되도록 하는 학교 문화 역시 중요하다. 체인지메이커 활동은 상상만으로 진행하는 활동이 아니다. 실제의 변화를 만들기 위해서는 다양한 자원을 결합해야 한다. 따라서 학생들이 학교 안과 밖을 이동하며 활동을 진행할 수 있도록 허용하는 문화가 마련되어야 한다. 또한, 테크놀로지를 통해 다양한 방식으로 자원을 확보하고 공유할 수 있도록 학습환경을 구축해야 한다.

토대 ❸ 사회적 성숙 한때, 학생들이 선택한 체인지메이커 프로젝트들은 '여성 인권'과 관련된 것들이 많았다. 미투 운동, 녹색당의 선전, 페미니즘뿐만 아니라 억눌려 있던 여성 인권에 대한 관심이 고스란히 학생들의 프로젝트에 반영된 것이었다. 인상적인 것은 학생들이 감정적으로 문제를 대하는 데 그치지 않고, 진지하게 문제를 탐구하게 되었다는 점이다. 무엇이 문제인지, 문제의 원인이 무엇인지, 나와 어떤 관련이 있는지, 내가 어떻게 참여할 수 있는지를 따져 보았다. 대부분의 학생들은 문제를 더 깊이 혹은 넓게 파악하게 되었을 것이다.

또한, 시민들의 민주적인 참여를 보장하는 분위기와 제도적인 장치가 학생들의 프로젝트에 영향을 미쳤다. 과거에 비해 지금의 청소년들은 시민으로서 참여하는 것에 대한 두려움이 크지 않다. 시민의 참여 혹은 학생들의 사회 참여를 보장할 뿐만 아니라 권장하는 사회적 분위기가 중요한 역할을 한 것이다. 특히, 최근에는 국민청원이나 지방자치단체의 온라인 참여 사이트를 활용하는 학생들이 눈에 띈다. 자신의 프로젝트와 관련된 청원 글을 홍보해 주는 팀뿐만 아니라 직접 글을 올리는 팀도 있었고, 몰카 범죄에 대한 여학생들의 입장과 권리 보호를 위한 정부의 대책을 주장하기도 했다. 사전에 선생님이 약간의 조언을

해 주었을 뿐, 학생들은 시민으로서 당당하게 여성들의 권리 보호를 주장하였다.

하나의 수업이 원활하게 작동하기 위해서는 여러 토대가 필요하다. 소소한 팁들도 필요하겠지만 나의 수업 구조부터 사회적 분위기와 제도에 이르는 토대들을 함께 만들어 가는 것이 무엇보다 중요하다. '한 아이가 자라는 데에는 한 마을이 필요하다'는 아프리카 속담이 새삼 떠오른다.

선생님의 수업, 학교 문화, 성숙한 사회라는 토대 위에서 체인지메이커 교육을 받은 학생들은 어른이 되었을 때, 또다시 누군가의 토대가 되어 주리라는 것을 확신한다. 그러한 학생들은 스스로가 체인지메이커가 될 뿐만 아니라 누군가가 체인지메이커로 성장할 수 있도록 응원하고 지원하는 사람이 될 것이다.

Everyone a changemaker!

2015.7.15.

어느 때보다도 바쁜 학기를 보냈던 2015년 1학기.

나를 끊임없이 자극하기도 하고 나에게 동력을 제공했던 것을 꼽으라면 단연 체인지메이커 활동이다. 시험을 위한 방과 후 활동도, 생활기록부상의 동아리도 아니지만 20여 명의 학생들이 자발적으로 자신과 주변의 문제를 해결하고자 모였다.

학교의 급식 잔반 제로 프로젝트. 네팔 지원 프로젝트. 유기견 보호 프로젝트. 간접 흡연 피해 제로…… 총 4개 팀의 프로젝트들.

나와 우리 아이들이 얻은 것을 몇 마디로 표현하기란 쉽지 않다. 다만, 지금까지의 프로젝트가 우리 아이들에게는 문제를 더욱 깊이 있게 이해하고 문제 해결의 가치를 발견하게 했다는 것이다. 그리고 이것이 배움의 동력을 만들어 갔다. 또한, 다른 학생과 선생님들에게도 영감을 제공했을 것이다.

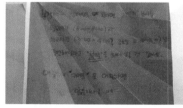

체인지메이커를 양성하는 학교로서의 미래학교를 꿈꾸며 학생들과 한 학기를 되돌아보는 시간을 가졌다. 이제는 새로운 한 학기를 준비하는 시간으로 방학을 채워야 할 것 같다.

우리 아이들에게 응원 영상을 보내 주신 아쇼카 한국 대표 Haeyoung Lee, 한국방송통신대 청소년교육과 주경필 교수님과 직접 참석하여 격려해 준 김하늬 매니저에게 감사를 전한다.

2015, 가을 체인지메이커 학생-교사 캠프 후기

2015.9.10.

무엇이 되기 위한, 무엇을 하기 위한 핵심 역량?

최근, 교육계에서 거론되는 '핵심 역량'이란 단어는 교과 내용만큼 아니 그 이상의 중요성을 지니는 듯하다. 그러나 과연 핵심 역량은 무엇에 사용되어야 하는가? 또는 무엇을 위하여 사용되어야 하는가? 이러한 답을 제시하지 않은 채, 사회 변화와 기업 생태의 변화와 요구를 이유로 들며 '핵심 역량'을 거론하는 것은 더 큰 가치는 배제한 채 교육이 얼마나 도구화되고 있는지를 교사 스스로 인정하는 꼴이다.

이러한 점에서 나는 '체인지메이커'적 접근을 선호한다. 이는 선호 이상의 끌림과 책임이라고 본다. 세상에서 가장 큰 NGO로서 학교를 바라보고 싶은 나는 자신의 문제는 물론 학교와 지역사회의 실제 문제를 소박하게나마 해결하려는 목적에서 자연스럽게 학생들의 핵심 역량이 사용되거나 향상될 수 있으리라는 기대를 하고 있다. 이때, 핵심 역량은 사실 부수적인 것이다. 아이들이 나와 타인의 문제를 깊이 있게 공감하고, 자신이 실천의 주인공이 되어 보는 경험. 적어도 이 두 가지는 체인지메이커 활동의 핵심이 되고 있다.

지난 여름, 아쇼카 한국에서는 체인지메이커 워크숍을 통해 학생 체인지메이커들을 양성하기 위한 교육과 체험을 제공하였다. 나에게 용기와 열정 그리고 체인지메이커 촉진 방법을 안내해 준 Vipin Thekk의 덕으로 나와 우리 학교 체인지메이커 짝꿍인 Kyuyun Christina Lim는 2학기 체인지메이커 활동에 대한 기대와 열정이 한층 높아졌다. 결국, 둘은 2학기를 시작하며 1박2일 워크숍(캠프)을 계획하기에 이르렀고 학교의 적극적인 지원을 통해 구체화할 수 있었다.

학생 : 25명 1학기 참여자들과 학기 말에 추가 모집된 10여 명을 포함하여 25명의 학생들이 대상이 되었다. 1학기에는 3학년 위주로 활동했다면 추가 모집에는 1학년과 2학년이 포함되었다.

교사 : 8명 1학기 체인지메이커 운영 교사는 나와 Kyuyun Christina Lim, 두 명이었다. 그러나 아이들에게 보다 적극적인 지원과 촉진을 하기 위한 목적, 학생과 교사가 보다 깊이 있는 접촉 또는 친밀한 관계를 형성하기 위하여 학생들이 직접 멘토교사 4명을 섭외하였고, 체인지메이커 활동에 꼭 필요한 교사 두 분을 특별히 섭외하였다. 이분들은 학생들을 위해서라면, 체인지메이커 활동이라면 등의 이유로 기꺼이 달콤한 휴식을 반납하고 동참해 주셨다.

목표 이번 체인지메이커 캠프의 목표는 크게 3가지이다.

첫째, '내가 체인지메이커이다.'를 인식하고 다짐하는 것이다. 둘째, 체인지메이커라고 생각하고 모인 팀원 간 그리고 팀원과 멘토교사 간의 친밀한 관계를 형성하는 것이다. 셋째, 진행되고 있는 팀의 프로젝트를 수정 혹은 보완하고, 2학기 계획(약속)을 세우는 것이다.

장소 우리 학교에서 체인지메이커 캠프를 하기 위한 최적의 장소로 선정된 곳은 4층 정보방(미디어 스페이스)이다. 이곳은 3면이 유리벽(문)으로 되어 있어 개방적인 느낌을 준다. 유리가 아닌 벽면은 흰색 벽으로, 프리젠테이션, 영상 시청을 하기에 적합하다. 일반 교실보다 활동 공간이 넓기 때문에 다양한 활동이 가능하다. 숙박은 학교 교실 중 온돌방을 이용하였다.

내용 체인지메이커 캠프는 기본적으로 지난 여름 교사 워크숍의 과정을 바탕으로 하였다. 물론, 당시에 제공되었던 일정과 계획 그리고 워크시트가 그대로 남아 있었지만 지금의 나 그리고 Kyuyun Christina Lim에게 강렬하게 각인된 활동이 선택되었고, 자신들의 경험을 통해 검증된 구체적인 방법들이 추가되었다. 무엇보다도 주안점을 두었던 것은 어린아이들이 체인지메이커 활동을 어렵고 거창하게 받아들이지 않게 하는 것. 놀이와 체험을 통해 자연스럽게 체인지메이커로서 자신을 인식하고 활동의 중요성을 포착해내는 것이다. 기본적으로 활동 진행은 나와 나의 짝꿍교사가 하였고, 멘토교사들은 학생들과 수평적인 관계에서 모든 일정을 함께 수행하였다. 다만, 명목상 학생 동아리 활동이기 때문에 모든 공식 일정 이후, 동아리 자율 시간을 갖도록 하였다.

성찰 느끼고 배운 것이 너무도 많다. 앞으로 해야 할 일이라고 생각되는 것들 몇 가지

만 추려 본다면, 1. 고등학교, 초등학교와 다른 중학교 학생들의 체인지메이커 활동의 내용과 목표는 무엇인가? 2. 학생들이 어른들보다 잘하는 활동이 있다. 예를 들면, 어른들에게 많은 용기가 필요했던 외부 인식 제고 캠페인은 아이들에게 상대적으로 부담이 적었다. 프로토 타입 수준의 문제 해결책도 수월하게 표현하였다. 3. 체인지메이커이기 때문에 문제를 해결하는 것이 아니라 문제를 해결하기 때문에 체인지메이커라는 입장이 학생들에게 분명하게 나타났다. 즉, 정체성에 대한 인식에 몰입하기보다는 문제 해결 활동에 보다 집중하는 경향이 나타난다. 4. 처음 참가한 멘토교사들의 표정과 인상이 달라졌다. 이제 멘토교사들은 관찰자가 아닌 참여자로서 체인지메이커 학생들을 촉진할 것이다. 아마도 자신의 경험을 주변선생님들에게도 나누지 않을까?

오히려 이번 캠프를 통해 욕심과 부담이 덜어졌다. 무엇보다 중학교 아이들다운 접근에서 시작하고 있다. 그러나 체인지메이커의 핵심과 기본이 이번 캠프에서 아이들에게 스며

들었으리라 생각한다.

'모두가 체인지메이커인 학교에 한걸음 다가선 느낌'

불필요하게 길어진 글을 대신한다면 이것이 지난주 1박2일의 한줄 평이다.

그리고 떠나지 않는 작은 체인지메이커들

2015.12.10.

잊을 수 없는 아쇼카 펠로우들과의 만남. 그리고 떠나지 않는 작은 체인지메이커들.

한 해가 마무리되어 가는 시기에 다시금 한 해를 살아갈 동력이 채워지는 느낌. 그러나 영감을 제공한 오늘 저녁, 공정한 카페를 만들어 보겠노라고 발 벗고 나선 우리 아이들이 생각난다. 수업에서 배운 공정 무역을 실제 학생들에게 알리고 체험하게 해 보겠다고 나선 아이들. 배움이 배움으로 끝나지 않고 삶에서 실천하고 나누었으면 좋겠다는 교사의 숨은 의도와 유도가 아이들과 공유됨이다.

그런데 열정이 불타오르던 한 아이, 힘이 들었나 보다. 하나의 아이디어에서 시작해 친구들과 팀을 이루고, 계획을 세우고 친구들을 독려하고…… 많은 일이 그렇듯, 아이디어가 실현되지 못하고 한순간의 꿈으로 사라지는 것이 얼마나 많은가. 아마도 힘이 든다면 여전히 놓치고 싶지 않은 꿈이 있어서일 것이다. 나는 그 아이가 그 꿈을 놓치지 않기를 보이지 않게 응원하고 있다.

오늘 만난 펠로우들의 공통점이 공감과 리더십 등이라면 또 다른 측면에서는 외로움과의 고독한 싸움을 치열하게 경험하고 있다는 것이라. 변화의 규모와 영향력은 비할 게 아니지만, 그 아이에게도 찾아온 외로움과 고독이 힘들었나 보다. 모습은 다르지만 각자의 영역에서 유사한 목적을 수행하는 사람들과의 만남 속에서도 내 머리 속 한켠에 '변화의 실제 속에서 갈등하는 그 아이' 생각이 자리하는 이유다. 어려움을 넘어서길 바라며 나는 그 아이에게 격려의 문자를 보낸다. 그런데…… 답이 없다.

11시가 넘은 밤. 그 아이에게 날아든 사진 한 통.

"선생님, 메뉴판 편집하느라 늦었어요."

옳은 목적을 향해 자기가 하고 싶은 일을, 할 수 있는 능력과 자원으로 시작해 보는 것.

성공과 함께 실패 경험을 소중히 생각하게 하는 것. 아마도 아쇼카 펠로우들이 던져 주는 메시지이며 주니어 체인지메이커들에게 바라는 것이리라.

'세상에서 가장 아름다운 카페는 공정한 카페'

한순간의 경험일지라도 우리아이들에게 또 다른 시작의 동력이 되기를 바란다.

2015' 창덕여중 체인지메이커 공유회
2015.12.28.

올해 들어 가장 추운 날임에도 아이들의 열정으로 훈훈함이 가득했다. 짧게는 한 달, 한 학기, 길게는 일 년 동안 실천했던 변화의 움직임을 학교 자체적으로 공유하였다. 아이들이 갖고 있는 변화의 동력을 다른 친구로부터 자극받고, 자신도 변화의 주인공임을 확인할 수 있었던 것 같다.

학생, 교사, 학교, 지역사회 모두가 체인지메이커로서 꿈꾸는 곳. 아직과 이미 사이에서 여전히 고민하고 준비하고 있지만 이미 변화를 시도하고 있는 곳. 실패의 경험을 소중히 생각하는 과정 중심의 학교. 이곳이 우리 학교이길 바란다.

2장

수업 속 체인지메이커 교육

학교 수업을 통해 체인지메이커 교육을 설계 · 실행 · 성찰한 이야기이다.
교사의 신념, 교과 교육과정의 목표, 기존의 다양한 수업 방법들을 융합하여
체인지메이커 교육을 설계하였다.

1. 선생님의 한 학기 수업

수업 시간에 체인지메이커 교육하기

앞에서 분류한 체인지메이커 교육 유형 중 교육과정 중심형(C유형)과 체인지메이킹 중심형(D유형)은 모두 수업 시간에 이뤄지는 형태로, 공식적인 교육과정 안에서 이뤄지는 활동이라는 공통점이 있다. 그렇기 때문에 다른 유형의 체인지메이커 교육에 비해, 보다 많은 학생들이 체인지메이커 교육을 경험할 수 있다는 장점이 있다. 그러나 무엇보다도 어떻게 구성하느냐에 따라, 체인지메이커 교육의 의미와 효과는 크게 달라질 것이다.

만약, '가 유형'과 같이 교육과정에서 정해 놓은 목표들을 강의식으로 계속 진행하다가, 학기 말에 수행평가로 체인지메이커 교육을 실시

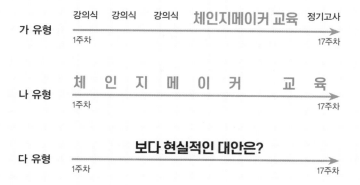

학기 단위 수업 설계에 따른 체인지메이커 교육 유형

하는 선생님이 있다고 가정해 보자. 이때의 체인지메이커 교육은 학생들에게 어떤 의미가 있으며, 어떤 성과와 한계가 있을까? 물론, 진도를 나가는 것만으로도 바쁜 현실에서 체인지메이커 교육을 수업으로 재구성하였다는 점은 분명 박수를 보낼 만한 일이다. 사실, 체인지메이커 교육을 하고 싶어도 진도의 압박이나 평가 객관성에 대한 압력으로, 혹은 동료 교사와의 불통으로 하지 못하는 상황이 많다. '가 유형'은 그런 상황 속에서 체인지메이커 교육을 어렵게 시행한 사례일 것이다. 만약, '가 유형'의 선생님이 체인지메이커 교육을 잘 구성했다면, 그 자체만으로도 학생들에게는 분명 좋은 경험을 되었을 것이다.

그러나 수업 설계 측면에서는 아쉬운 점이 있다. '가 유형'의 선생님이 맡고 있는 학기 단위의 목표가 있을 것이다. 따라서 그 목표를 달성하기 위한 수업 내용과 방법 그리고 평가를 선택했을 것이다. '가 유형'에서 강의식 수업 방식을 선택한 것은 진도를 빨리 나가야 하는 현실 때문일 수도 있고, 각 단원의 수업목표를 달성하기 위한 최적의 방법이기 때문일 수도 있다.

하지만 학생들은 '체인지메이커'라는 말 자체도 생소할 뿐만 아니라 이러한 교육 방식 자체가 새로울 것이다. 10주 이상 선생님이 주도권을 가지고 강의하다가, 어느 날 수행평가로 체인지메이커 교육을 한다면 학생들은 어떤 기분이 들까? 낯설고 생소함도 있겠지만, 동시에 어려움과 부담감도 생길 것이다. 선생님이 수업 시간에 갖고 있던 주도권을 어느 날 갑자기 학생들에게 넘겨준다고 할 때, 학생들이 그 주도권을 곧바로 적절하게 사용할 수 있는지에 대해서는 좀 더 신중히 생각해 볼 문제이다.

또한, 학생들은 체인지메이커 활동을 통해 다음과 같이 다양한 기능 skill을 활용하는데, 체인지메이커 교육을 하기 전에 이런 기능을 갖출 수 있는 기회가 없었거나 다른 교과의 활동들을 확인한 적이 없었다면 학생들은 준비되지 않은 상태에서 '체인지메이킹'이라는 종합적인 활동에 참여하는 것이 된다. 물론, 동아리 활동이나 프로젝트 팀 수준의 주도성과 자발성을 갖춘 학생들이라면 시행착오를 거듭하며 필요한 역량들을 키울 수도 있다. 그러나 수업 시간에 이뤄지는 체인지메이커 교육은 이러한 시행착오 시간을 확보하기 어렵다는 한계가 있다.

체인지메이커 활동에 필요한 기능들

자료 수집　정보 활용　토론　발표　글쓰기　분석　읽기　해석　사회문제에 대한 관심　공감　제작

　　그렇다면 '가 유형' 대신 '나 유형'의 구조로 체인지메이커 교육을 하려는 선생님이 있다고 가정해 보자. 이 선생님에게 어떤 질문을 하고 싶은가? 아마도 '그게 가능해요?' '진도는 언제 나가요?' '평가는 어떻게 할 거예요?' 등의 질문이 떠오를 것이다. 체인지메이커 교육을 어떻게 정의하느냐에 따라 '나 유형'의 가능 여부도 달라질 것이다. 평소 수업을 통해 학생들이 스스로가 체인지메이커임을 인식하도록 하고, 수업 안의 내용과 작은 활동들을 통해서 체인지메이커로서의 역량을 길러 주었다면, 넓은 의미에서의 체인지메이커 교육이 된다. 그러나 학생 주도의 문제 해결 과정만을 체인지메이커 교육(좁은 의미)으로 정의한다면, '나 유형'은 매우 난이도가 높은 수업 설계에 해당할 것이다. 선생님

들은 국가 수준의 교육과정으로부터 자유롭지 못하다. 그래서 한 학기 전체를 체인지메이킹 활동으로 교육과정과 연계하여 구성하기 위해서는 많은 고민과 노력이 필요하다.

최근에는 융합교육, 자유학기제 등을 통해 '나 유형'과 같은 시도가 조금씩 일어나고 있다. 그럼에도 불구하고 선생님들의 가장 큰 관심사는 어떻게 하면 일반적인 수업 상황에서 보다 의미 있는 체인지메이커 교육을 할 것인가에 있다. 이는 좀 더 대안적인 '다 유형'이 필요한 이유이다. 이와 관련하여 고민하고 실천했던 이야기들을 다뤄 보도록 하겠다.

2. 수업 전에 정해야 할
선생님의 목표

체인지메이커 교육을 위한 수업목표

체인지메이커 교육을 하기 전, 가장 먼저 정해야 할 것은 무엇일까? '체인지메이커 교육'이라는 다소 특별해 보이는 수업이 아니라 하더라도, 일상적인 수업에서 선생님이 가장 먼저 설정해야 할 것은 무엇일까? 학년 혹은 학기를 시작하기 전에 모든 선생님이 꼭 먼저 따져 봐야할 '그것'은 선생님이 수업할 내용과 방법 그리고 평가 방향을 결정하는 데 영향을 미치기도 한다. '그것'은 무엇일까?

'목표'(Goal)

교육과정상에 구체적으로 제시되어 있는데, 군이 목표를 따로 정할 필요가 있을까? 하는 생각이 들 것이다. 또는 교육과정에 나와 있는 것 혹은 교과서에 있는 것을 그대로 가르치는 데 목표가 중요할까 하는 생각이 들기도 한다. 목표도 그 위계가 다양하다. 차시 목표, 단원 목표, 교과 목표, 학기 및 학년 목표 등이 있다. 각각의 목표에는 '이번 차시, 이번 단원, 이번 학기 혹은 학년을 마쳤을 때 학생들이 어떤 상태가 되었으면 좋겠다.'라는 기대가 반영되어 있다. 선생님들은 그 기대 수준에 맞추어 수업을 한다. 마치 다이어트 목표를 정하는 것, 등산하는 사람이 목표 지점을 정하는 것과도 같다. 물론, 목표는 학생들의 수준, 학교 상황 등에 따라 바뀔 수 있다. 다양한 상황을 고려하여 목표를 수정할 수는 있지만, 가장 중요한 변수는 선생님의 신념과 철학일 것이다.

선생님의 신념과 철학

선생님이 수업 시간에 체인지메이커 교육을 하겠다고 결정했다면, 나름의 신념과 철학이 있기 때문일 것이다. 그 신념과 철학은 크게는 학기나 학년의 목표, 작게는 단원이나 차시 목표에 반영된다. 특히, 체인지메이커 교육을 하고자 하는 선생님들은 해당 수업을 통해 어떤 학생들이 되기를 바라는지, 혹은 어떤 경험을 하기를 바라는지에 대한 목표를 세워야 한다. 그러한 목표는 학생들에게 선명한 메시지를 줄 것이고, 선생님들에게는 구체적인 수업을 설계design하는 출발점으로 작용할 것이다. 체인지메이커 교육의 목표는 결국 우리 학생들을 체인지메이커로 양성하겠다는 데 있다. 체인지메이커 교육에서는 기존의 수업과 다른 활동들을 진행하거나 주도권을 학생들에게 배분하는 경우가 많기 때문에, 선생님과 학생들이 공유하는 목표는 매우 중요한 역할을 한다. 체인지메이커 교육이 제각각 다양한 모습으로 나타나는 이유는 선생님마다 설정한 목표가 다르기 때문이다.

교육과정상의 인간상 = 성숙한 시민?

교육과정이 추구하는 인간상은 자주적인 사람, 창의적인 사람, 교양 있는 사람, 더불어 사는 사람이다. 교육과정을 제대로 이수한 사람이라면 이와 같은 사람이 되기를 바란다는 국가교육의 목표인 셈이다. 이미 이 안에 모든 역량이 함축되어 있기 때문에 교육과정이 추구하는 인간상은 몇 번의 개정 과정에도 크게 변하지 않았다. 개인적으로는 교

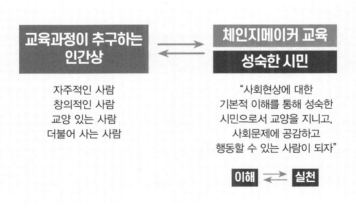

교과 목표 설정

육과정이 추구하는 인간상을 교과 목표에 맞게 변형하여 '성숙한 시민'이라고 표현하고 있다. '바람직한 시민'이라는 표현도 좋지만 '성숙한'이라는 표현을 더 선호한다. '바람직한'이 풍기는 도덕적인 이미지와 함께 합리성, 행동 지향적인 이미지가 '성숙한'에 포함되어 있다고 생각하기 때문이다.

> "사회현상에 대한 기본적 이해를 통해
> 성숙한 시민으로서의 교양을 지니고, 사회문제에
> 공감하고 행동할 수 있는 사람이 되자."

성숙한 시민

그럼, 성숙한 시민들은 어떤 사람일까? 바로 위에서 서술한 것처럼, '사회현상에 대한 기본적 이해를 하는 사람, 교양을 지니고 사회문제에 공감하고 행동할 수 있는 사람'을 성숙한 시민이라고 표현해 보았다. 이는 교과 교육과정이 추구하는 목표를 다소 변형한 것인데, 그 목표 안에는 '이해'와 '실천'이라는 핵심 요소가 포함되어 있다. 즉, 성숙한 시민이란 이해하고 실천하는 사람들이다. 사회현상과 공동체에 대해 이해하고 공감할 수 있는 사람, 사회문제에 대해서 행동할 수 있는 사람이 성숙한 시민인 것이다.

성숙한 시민 = 체인지메이커?

　교과 목표를 설정하고 보니 성숙한 시민에 대한 정의와 목표가 어떤 단어를 연상시킨다. 교과 수업에서는 '성숙한 시민'이라는 용어를 사용하고 있으나, 이들이 바로 '체인지메이커'인 것이다. 체인지메이커들은 이해하고 실천하는 사람이자 공감하고 행동하는 사람이다. 즉 수업을 통해 '체인지메이커=성숙한 시민'으로 한걸음 다가가는 것을 목표로 삼았다.

　이러한 목표를 세우고 나니, 처음에 몸은 바빠졌지만 마음은 한결 가벼워졌다. 전체 수업의 방향, 구조, 활동, 학생과 선생님의 역할, 학생들에게 제공할 학습환경 등이 명확해졌기 때문이다. 그리고 선생님으로서 학생들에게 던지는 강력한 메시지가 곧 성숙한 시민이자 체인지메이커가 되었고, 학생들에게 기대하는 불필요한 욕심, 불합리한 요구 등이 줄어들게 되었다.

　학기 초, 학생들과 만나면 성숙한 시민에 대한 이야기를 나눈다. 선생님의 신념과 철학을 완곡하게 설명하는 이야기이기도 하고, 학생들이 생각하는 성숙한 시민에 대한 이야기이기도 하다. 이때, 학생들의 요구 사항을 반영하여 하위 목표를 수정할 수는 있지만, '성숙한 시민이자 체인지메이커'라는 핵심 목표는 타협의 대상이 될 수 없다. 선생님이 설명하는 목표를 처음 접한 학생들은 어리둥절해 하면서도 점차 익숙해져 간다. 오랜 시간 동안 그 목표를 기억하기는 어렵겠지만 수업이 모두 끝난 후라 해도 반드시 기억해야 하는 단 하나가 있다면, 바로

'체인지메이커로서의 성숙한 시민'이다. 따라서, 체인지메이커 교육을
시작하는 선생님들은 스스로 다음과 같은 질문을 던져 보자.

"체인지메이커 교육을 시작하기 전에
어떤 목표를 가지고 있나?"
"학생들에게 어떤 메시지를 남기고 싶은가?"

3. 한 학기 체인지메이커
수업 구조

학기 단위 체인지메이커 수업

목표가 정해졌다면 선생님은 수업의 구체적인 내용과 방법들을 설계한다. 이때, 구체적인 내용과 방법을 결정하기 전에 대략의 구조를 생각해 보는 것이 좋다. 건축물을 만들기 전에 설계도면을 그려 보는 것과 같은 이치이다. 설계도면 없이 건축물을 만들면 어떤 재료를 얼마나 사용해야 하는지, 어떤 방법으로 집을 지어야 하는지를 정확히 알수 없다. 그만큼 오류가 많을 수밖에 없다. 건축물을 의뢰하거나 사용하는 사람 입장에서도 그 건축물이 어떤 모습인지, 어떤 구조로 되어 있는지 확인할 수 없기 때문에 난감할 것이다.

수업에서는 여러 단위의 설계도면을 그려 볼 수 있다. '학기 단위'라는 큰 설계도면 안에 '단원 단위', '차시 단위'라는 작은 설계도면을 구체적으로 그려 나갈 수 있다. 프로젝트 팀 단위, 동아리 활동 단위에서는 사전에 그려 놓아야 할 설계도면이 구체적으로 그려지지 않을 수도 있지만, 수업 시간에 행해지는 체인지메이커 교육에서는 명확한 설계도가 선생님, 학생, 학부모 모두에게 유용하다.

학기 단위 수업 구조

대부분의 학교에서 수업은 학기 단위로 운영되기 때문에, 학기 단위의 수업 구조가 가능할 것이다. 수업 구조는 보통 교육과정상의 내용 중심으로 나열되기도 한다. 그러나 오른쪽 그림과 같이 학생들이 하는 활동을 중심으로 구조를 구성해 보면 어떨까?

한 장의 그림에 많은 정보가 들어 있지만 이 그림은 학기 초 학생, 학부모, 동료 선생님들과 공유하는 그림이자, 교수학습 평가 계획으로 작성되는 내용이다.

이 그림에 표현된 수업 구조와 모든 활동은 넓은 의미의 체인지메이커 교육에 해당한다. 좁은 의미의 체인지메이커 교육은 체인지메이커 프로젝트 활동으로 표현되어 있다. 일상적인 수업은 이 구조대로 준비와 실행을 거치고 있으며, 학생들은 이 구조 안에서 다양한 학습 경험을 한다.

그러면 각각의 단계 혹은 활동들에 대해 간단히 살펴보자.

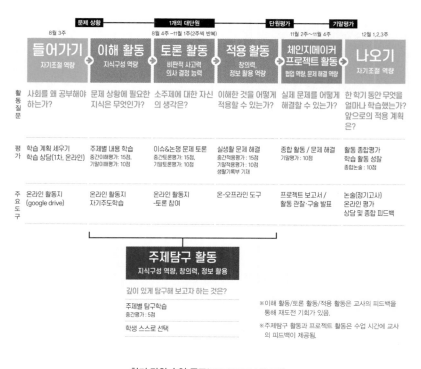

학기 단위 수업 구조(체인지메이커 수업 모형)

들어가기 '들어가기'는 말 그대로 선생님의 수업과 학생들의 학습이 시작되는 시간이다. 선생님에게는 수업을 소개하고 안내하는 시간이며, 학생들에게는 일명 오리엔테이션 시간인 셈이다. 선생님이 생각하는 학기의 수업목표, 즉 '성숙한 시민이자 체인지메이커'에 대해 학생들과 공유한다. 물론, 학생들도 저마다의 경험과 관심과 목표가 있다. 이러한 생각들을 선생님과 학생들이 함께 나눈 다음, 학생들이 필요한 것들을 선생님에게 요청하도록 한다. 선생님이 미리 그려 놓은 일종의 수업 설계도면을 펼쳐 놓고, 70~80%는 결정된 사항이지만 학생과 학부모의 의견을 반영하여 수정하겠다고 이야기한다. 그리고 학생들과 '들어가기' 시간에 나눈 내용을 담은 편지를 학부모에게도 보낸다. 편지를 통해 선생님이 생각하는 수업목표, 다루게 될 내용, 수업 진행 방식, 평가 방식 등을 안내한다. 그리고 가정에서 도와주었으면 하는 내용도 포함한다. 마지막 부분에는 선생님의 수업 계획 중 수정, 보완이 필요한 것에 대한 의견을 답장해 달라는 부탁을 적어 둔다.

들어가기 시간은 선생님, 학생, 학부모가 목표를 공유하는 시간이자, '수업 설계 이의 신청 기간'으로 사용된다.

이해 활동 - 토론 활동 - 적용 활동 '이해, 토론, 적용 활동'은 한 단원에서 학생들이 수행하게 될 활동들이며, 이 세 가지 활동이 하나의 묶음으로 되어 있다. 즉, 한 단원은 이해-토론-적용 활동으로 구성되어 있다. 여기서 중요한 것은 세 가지 활동을 이끌어 가는 문제 상황이 가장 먼저 제시되어야 한다는 점이다. 같은 내용을 학습하더라도, 교과서에 나와 있기 때문에 학습하는 것이 아니라 제시된 문제 상황을 해결하기 위해서 학습하는 것이다. 문제 상황은 학생들의 '상황', 교육과정상의 '내용', 학생들이 수행해야 하는 '활동'으로 구성된다. 여기에서의 '상황'은 학생들이 겪고 있거나 겪을 법한 실제 상황을 의미한다. 상황, 내용, 활동을 효과적으로 결합시키는 것은 선생님의 수업에서 가장 중요한 일이면서도 매우 어려운 일이다.

국회의 기능과 권한을 학습하는 단원에서 학생들에게 우리 학교의 대의원회의 상황을 제시한 적이 있다. 학생들을 인터뷰해 보니 실제 대의원회의가 제대로 진행되지 않는 이유 중 하나가, 대의원들이 자신의 역할과 권한을 잘 모르기 때문이라는 것이었다. 그래서 학교의 학생 자치 규정을 살펴보니 대의원의 역할과 권한에 대한 내용이 없었다. 이러한 상황을 토대로 문제 상황을 도출하였다. 학생들은 대의원회의 역할과 권한을 추가한 규정을 개정안으로 제안하는 활동을 수행하게 되었는데, 개정안 내용은 국회의 역할과 권한을 근거로 해야 했다.

따라서 학생들은 문제 상황을 해결하기 위하여 '국회의 역할과 권한'이라는 내용을 학습하고 친구들과 관련 이슈에 대해 논의하였다. 학습하고 논의한 것을 토대로 학생들은 개정안 작성이라는 문제 해결 활동을 했다. 문제 상황으로 시작하여 학생들은 스스로 혹은 친구나 선생님과 함께 내용을 학습하고(이해 활동), 학습한 바를 말로 표현한 후(토론 활동) 실제 문제 상황에 적용하였다(적용 활동).

모든 단원은 이러한 구조로 되어 있다. 나는 학생들이 각 단원과 관련한 사회문제에 관심을 갖게 하고, 관련된 지식을 보다 깊이 있게 구성해 가며, 문제 해결에 참여할 수 있기를 기대하고 있다. 물론 이 과정들은 모두 평가와 관련된다. 선생님은 학생들의 참여를 관찰하고 기록한다. 이와 관련된 내용은 뒷부분에서 조금 더 자세히 살펴보기로 한다.

주제탐구 활동 '주제탐구 활동'은 학기 중 1회, 자신이 학습한 내용 중 '더 알아보고 싶은 것'을 탐구하는 시간이다. 보통 2~3개 대단원을 마친 후 학습한 내용과 관련하여 주제를 선정한다. 앞에서 설명한 이 해-토론-적용 활동은 교육과정상의 내용들을 학습하기 때문에 개별적인 관심과 흥미 등을 반영하기가 어렵다.

반면, 주제탐구 활동 시간에는 학생이 스스로 주제를 선택하고, 다양한 자료를 수집한 후 간단한 보고서를 작성한다. 보통 3~5차시의 수업 시간 동안 할 수 있는 정도의 활동을 수행한다. 학생들은 학습했던 것들을 다시 살펴보고, 자기만의 학습 주제를 선택한다. 이해-토론-적용 활동에 비해, 학생들이 학습 활동의 주도권을 보다 많이 갖게 된다.

학생들은 주제탐구 활동을 시작하면서 탐구할 주제를 선택해야 한다. 이때, 모든 학생들은 선택한 주제를 선생님에게 설명해야 한다. 일종의 '프로포절Proposal'을 하는 것이다. 선생님은 지금까지 학습한 내용들과 어떤 관련이 있는지, 학생이 정해진 시간 안에 탐구할 수 있는 주제인지, 관련된 자료를 확보할 수 있는지 등을 고려하여 학생에게 피드백을 제공한다.

예를 들어 '사회화'라는 개념을 학습한 학생이 '4차 산업혁명 시대에 사회화는 어떻게 달라질 것인가?'라는 주제를 탐구해 보고 싶다고 찾아온 적이 있었다. 시대마다 주요한 사회화 과정이 있다고 할 때, 미래 사회의 사회화는 어떻게 달라질지는 궁금한 부분이지만, 자료 확보의 어려움, 시간 제약 등의 문제를 이유로 다른 주제를 제안했다. 그럼에도 불구하고 대부분 선생님의 피드백을 수용하여 주제를 변경하지만, 자신이 선택한 주제로 탐구하기를 원하는 학생들도 있었다. 이 경우, 나는 학생의 선택을 최대한 허용하고 탐구 과정을 지원했다.

선생님은 안내하고, 촉진하고, 피드백을 제공하지만 선택은 학생이 스스로 하도록 한다. 이렇게 스스로 선택하고 탐구를 이끌어 가는 활동은 추후 체인지메이커 활동에도 좋은 영향을 미치게 된다.

체인지메이커 프로젝트 활동　학생들은 앞의 이해-토론-적용 활동을 통해 다양한 내용을 스스로 이해하고, 표현하고, 적용했고, 특별히 궁금한 내용들을 선택하여 탐구했다. 이러한 과정에 성실히 참여한 학생이라면 나름 다양한 주제들을 학습했고, 다양한 기능skill을 활용하였을 것이라 판단할 수 있다.

체인지메이커 활동은 종합적인 활동이기 때문에 다양한 기능과 역량이 요구된다. 앞에서 체인지메이커 활동에 필요한 내용, 기능과 역량 등을 어느 정도 다뤘으니 이제 그것들을 종합적으로 활용하여 실제 문제를 해결하는 프로젝트를 진행하게 된다.

'체인지메이커 프로젝트 활동'은 앞에서 구분한 교육과정 중심 수업형 활동 혹은 체인지메이킹 중심 수업형에 해당한다. 두 유형은 학생의 주도성에 따라 구분되는데, 보통 저학년의 경우에는 교육과정 중심 수업형, 고학년의 경우에는 체인지메이킹 중심 수업형 활동으로 진행한다. 교육과정 중심 수업형의 경우, 학습했던 주제들과 관련한 문제 상황을 제시하고, 학생들이 선택하도록 한다. 한편, 체인지메이킹 중심 수업형의 경우, 학생들이 <u>스스로</u> 문제를 발굴하여 실제로 문제 해결을 행동에 옮기도록 한다.

수업 시간에 이뤄지는 체인지메이커 프로젝트 활동은 평가에 반영되는 활동이며 제시되는 활동 지침들이 있다. '문제 발견-문제 분석 및 정의-해결책 도출하기-해결책 선정 및 행동하기-공유하기' 등으로 학생들이 수행해야 하는 내용들을 단계적으로 제시하며, 각 단계마다 구체적인 하위 미션(요소)들이 있다. 학생들은 보통 비슷한 주제를 선택한 친구들과 팀을 구성한다. 각 팀은 프로젝트 진행 단계를 종료할 때마다 선생님에게 활동 내용을 설명한다. 선생님은 학생들의 활동에 대해 피드백을 제공한다. 거의 매시간 모든 팀과 선생님의 1:1 피드백 시간이 있다. 이러한 피드백을 잘 반영한 팀들이 프로젝트의 성공 가능성이 높기 때문에 팀과 선생님과의 만남 그리고 피드백의 중요성을 강조할 수밖에 없다. 체인지메이커 프로젝트 활동은 뒤에서 좀 더 자세히 다루겠다.

나오기 '나오기'는 한 학기 수업이 마무리되는 시간이다. 학생들이 얼마나 학습했는지를 확인하고, 앞으로 어떻게 학습해야 할지를 제안하는 시간으로 활용된다. 학기 말에 학교 행사가 있는 경우, 나오기 과정이 제대로 진행되지 않을 수도 있다. 그러나 지금까지의 활동을 정리하고, 다시 계획하는 시간이기도 한 '나오기' 과정은 매우 중요하다.

학생들이 얼마나 학습했는지를 종합적으로 확인하는 과정은 총괄평가, 종합성찰 등을 통해 진행된다. 총괄평가는 형성평가와 달리 학생의 상태를 가늠해 보는 평가이다. 이해-토론-적용, 주제탐구 활동, 체인지메이커 프로젝트 활동을 통해 처음 목표했던 '성숙한 시민' 혹은 '체인지메이커'로서의 자질 혹은 역량이 함양되었는가를 확인하는 것이다. 일종의 시험 형태로 진행할 경우, 지금까지 학습하고 활동했던 것들을 종합적으로 다룬 논술형 문항을 적용해 보는 것도 좋다.

종합성찰은 말 그대로 한 학기 수업과 활동을 통해 배운 것, 느낀 것, 보완할 것 등을 성찰해 보는 것이다. 선생님 입장에서는 학생들에게 구체적인 수업평가를 받아 보는 시간이다. 총괄평가와 종합성찰을 해 보면 학생들이 학기 시작 전보다 많이 성장했다는 것을 실감하게 된다. 이러한 결과를 바탕으로 선생님은 학생과 1:1로 상담을 한다. 시간 관계상 모든 학생들과 상담하지 못하는 경우도 있으나 선생님이 그동안 관찰하고, 기록한 내용들을 학생과 공유하며 앞으로의 학습 및 활동 방향에 대한 조언을 한다.

많은 학생들이 학기를 마친 후, 혹은 졸업한 후에 수업의 의미를 더욱 잘 알게 되었다고 말한다. 당장 활용되는 지식과 경험을 제공하는 수업은 아니라 해도, 학생들이 성숙한 시민이자 체인지메이커로서 성장하는 데 작은 도움이 된다면 다행이라고 생각한다.

뒤에서 각 활동에 대해 차례로 조금 더 자세히 살펴보자.

4. 공감으로 시작하는
'들어가기'

체인지메이커 교육의 문

대부분의 선생님들이 학기 초, 학생들과의 첫 만남에서 오리엔테이션을 한다. 주로 한 학기 수업과 평가를 어떻게 할 것인지, 지켜야 할 것은 무엇인지를 설명하는 시간이다. 선생님마다 오리엔테이션에 대해 부여하는 가치가 다르겠지만, 나는 이 시간이 매우 중요하다고 생각한다. 오리엔테이션은 다른 수업들과 분리되어 있는 것이 아니라 전체 수업 중 하나로 기능하기 때문이다. 즉, 오리엔테이션이 부실하면 나머지 수업들도 효과를 거두기 어렵다. 그래서 오리엔테이션을 '들어가기'라고 표현한다. 이 시간은 체인지메이커 교육으로 들어가는 문이다.

학생과 소통의 시간

'들어가기'에서는 학생들과 크게 교과 학습의 목적, 내용, 방법 등에 대해 이야기를 나눈다. 학생들과 함께 대화하며 다음과 같은 질문들을 한다.

- 현재, 여러분이 갖고 있는 질문은 무엇입니까?
- 그러한 질문을 해결하는 것과 교과 학습을 공부하는 것은 어떤 관련이 있습니까?
- 교과 학습을 하면 무엇을 할 수 있나요?
- 여러분은 교과 시간에 무엇을 공부하고 싶나요?
- 여러분은 어떤 방법으로 공부하고 싶나요?
- 여러분이 한 학기를 마칠 때, 어떤 기준으로 자신을 평가할 것인가요?

어떻게 보면 평범해 보이는 질문들이지만, 학생들에게는 평범하게 느껴지지 않을 수도 있다. 질문을 가지고 학습을 시작하는 학생들이 많지 않기 때문이다. 누군가에 의해 주어진 질문을 해결하고, 그 질문에 대해 정해진 답을 발견하도록 사회화되었기 때문일 수도 있다. 그래서 상당수의 학생들은 '시험을 잘 보기 위해서' 공부한다고 말한다. 물론, 시험이 학생들에게는 중요한 목표 지점이 될 수도 있다. 그러나 시험 그 자체가 목적이 되다 보니 학습 과정에서 자기만의 질문을 갖지 못한다. 체인지메이커는 마음속에 품고 있는 질문을 해결하는 사람들이다. 그들은 자기 질문을 발견하고, 그 질문의 답을 스스로 찾아가는 노력을 한다.

학생들과 질문으로 대화를 나누다 보면 몇 가지 사실을 알 수 있다. 첫째, 대부분의 학생들이 처음엔 어리둥절하다가도 결국에는 자기만의 질문을 찾는다는 것이다. 그리고 그것이 교과 학습과 어떤 관련을 맺고 있는지 설명한다. 이는 학생이 갖고 있는 자기만의 교과 학습 목적이 될 것이다.

둘째, 학생들도 자기주도적으로 학습하고자 하는 의지를 갖고 있다는 것이다. 학생들도 생각하고, 말하고, 적용하는 공부를 하고 싶어 한다. 자기의 질문을 해결하기 위해서는 다른 사람에게 전달받은 내용을 암기하는 것이 아니라, 깊이 있게 생각해야 한다는 것을 학생들도 알고 있다. 그리고 학습의 결과가 사회에 긍정적으로 활용되기를 기대하고 있다. 학생들이 말한 내용들은 모두 체인지메이커들이 품는 질문과 다짐들이다. 그래서 모든 인간은 체인지메이커성을 지니고 있다고 할 수 있는 것이다.

"저에게 사회 공부란 제가 속해 있는 공동체 혹은 집단을 이해하고 공동체가 더 좋은 방향으로 나아갈 수 있도록 하기 위해서 공부하는 것이라고 생각합니다. 앞으로 우리가 살아갈 사회를 바꾸기 위해서는 기본적으로 사회를 알아야 한다고도 생각합니다." A학생, 나에게 사회 공부란?

"제가 사회 공부를 통해 도달하고자 하는 최종적인 목표는 사회를 조금씩 바꿀 수 있는 사람이 되는 것입니다. 그것을 위해서 첫 목표는 사회를 이해할 수 있는 사람이 되는 것이며 다음 목표는 사회에서 내가 어떤 일을 할 수 있는가를 찾을 수 있어야 합니다. 우선 올해에는 사회 공부를 통해서 사회를 이해할 수 있는 사람이 되는 것을 목표로 잡고 싶습니다." **B학생의 학습목표**

"사회 공부를 통해 나의 체인지메이커 주제에 대해 더 깊게 생각하는 것이 목표이다. 그리고 사회문제와 사회 공부를 엮어서 유연하게 생각할 수 있게 하는 것도 목표이다. 또한 모든 사람들이 사회 공부를 열심히 하여 사회문제를 변화시키고 싶어하는 상태가 되었으면 한다." **C학생의 학습목표**

이런 대화를 나눈 후에 선생님의 목표를 설명한다. 처음부터 선생님의 목표를 말할 수도 있지만, 그렇게 하면 학생들의 자유로운 생각을 방해할 수도 있다. 앞에서 설명한 것처럼 선생님은 학생들이 성숙한 시민이자 체인지메이커로 성장하기 위하여 교과 수업을 준비하고 실행할 것이라고 말한다.

학생들에게는 '체인지메이커'라는 단어가 생소할 것이다. 낯선 영어 단어 정도로 생각할지도 모른다. 그래서 지난 학기, 혹은 지난해 학생들의 선배와 이웃 학교 친구들이 어떻게 체인지메이커로 살아갔는지를 보여 준다. 특별한 사람만 체인지메이커가 되는 것이 아니라 누구나 체인지메이커가 될 수 있다는 것을 느끼도록 한다. 이때, 학생들이 잘 알고 있는 사람들의 사례를 보여 주는 것이 효과적이다.

학부모와 소통의 시간

'들어가기'에서는 수업 계획에 대해 학부모와도 대화를 나눈다. 학부모는 학생들에게 큰 영향을 미치는 제2의 선생님이다. 수업이 선생님의 고유 권한이라고 말할 수 있을지라도 학부모는 든든한 지원군이자 협업의 대상이다. 특히, 체인지메이커 교육의 관점에서 한 학기 수업을 한다고 할 때, 학부모는 이러한 교육에 대해 학생만큼이나 생소할 수 있다. 또한 선생님의 수업에 의문을 가질 수도 있다. 따라서 선생님은 학부모에게 수업 계획에 대해 설명하고, 학부모의 의견을 받을 필요가 있다.

가능하면 학부모와 대면하여 대화를 나누는 것이 좋지만, 현실적으로 학교 상황을 고려할 때 이런 방식은 쉽지 않다. 대신 종이 편지를 활용할 수 있다. 요즘에는 온라인으로도 얼마든지 필요한 내용을 전달할 수 있지만 종이 편지가 지니는 느낌이 있다. 학생들과는 2~3시간 동안 나눠야 할 내용이지만 학부모에게는 한 통의 편지에 선생님이 생각하는 한 학기 수업목표, 내용, 방법, 평가 등을 담는다. 마지막 부분에는 학부모의 의견을 자유롭게 작성하여 답장해 줄 것을 부탁하는데, 이는 학부모의 의견을 한 학기 수업에 반영하겠다는 의도이다.

선생님이 수업을 준비하는 데 어느 정도의 주도권을 갖고 있는 것만은 분명하다. 그러나 학부모는 학생들의 교육을 책임지는 또 다른 선생님이기 때문에, 학부모가 생각하는 교과 학습의 요구들을 경청하고, 수업에 반영할 필요가 있다.

모든 학부모들이 답장을 보내는 것은 아니다. 내심 많은 학부모들의

- 학부모님의 말씀: 학부모님께서 주신 의견은 자녀의 학습에 큰 도움이 됩니다.

> 안녕하세요!
> ☐가 졸업전에 선생님의 수업을 한번 더 듣게되어서
> 학부모로서 반갑고 기쁩니다.
> 고정된 지식이 아닌 시간과 함께 변화하는 모든 것을 배워가는 과목이라서
> 더욱 특별하고 의미있다고 생각합니다.
> 괜찮고 어른이 되기위한 밑거름이 될수 있도록 가정에서도 가치가 있도
> 대하며 시간을 갖도록 노력하겠습니다.
> 응원합니다!

- 학부모님의 말씀: 학부모님께서 주신 의견은 자녀의 학습에 큰 도움이 됩니다.

> 안녕하세요 저는 3학년 4반 12번 ☐엄마 ☐이라고 합니다.
> 일년 동안 저희 딸 잘 부탁드립니다. 실제로 경험하면서 서로가 공존
> 할수 있는 시민으로 거듭날 수 있도록 많은 도움 부탁드립니다.

학부모 답장에 적힌 수업 응원 글

답장을 기대해 보지만 답장이 없는 분들은 선생님의 수업 방향과 계획에 대해 암묵적으로 동의한다고 생각한다. 실제로 대부분의 학부모들은 수업을 응원하는 답장을 보내 온다.

체인지메이커 교육의 관점에서 한 학기 수업을 진행하는 것이 쉬운 일은 아니지만, 이렇게 답장해 주는 학부모의 응원은 큰 힘이 된다. 한

- 학부모님의 말씀: 학부모님께서 주신 의견은 자녀의 학습에 큰 도움이 됩니다.

'일상 생활과 법', '현대 사회와 사회문제' 단원과 연관이 있을까 생각되는 문제에 대해 고민되는 건 적기로 하겠습니다.
1. 저희에 원래 아이가 애사는 없습니다. 그래던 아빠라 촌건 때문이 사합니다. 아픈이 있는지 콩쿵뛰는 데에 신경이 날카로워 집니다. 저는 아이를 케녀 보 겁력에 있어 이해가 되지만 두 맘도 참거가 힘들가 봅니다. 기를 나틸데 안께 이 문제도 해결하는 방법을 찾도록 생각해 보면 좋겠습니다.
2. 간접 흡연 입니다. 금연만 강요하면 몰래 숨어서 피우니 담배꽁초도 아무 곳이나 버리게 됩니다. 우리께 전 때무서 한다면 남에게 피해 주지 않고 우아하게 흡연하는 법을 배웠으면 합니다. 침이나 가래를 뱉으려하는 방법도 휴기를 이용하는 것이 좋다고 한 번씀 언려 주었으면 좋겠습니다.
→ 뒷장으로

학부모 답장에 적힌 수업 요청 의견

편, 어떤 학부모들은 수업 내용과 방법에 대한 구체적인 내용을 작성해 서 답장을 보내 주시기도 한다.

이런 경우, 학부모는 구체적인 단원까지 언급하면서 가정에서 겪고 있는 실생활 문제를 수업에서 다루기를 요청하기도 한다.

학부모가 요청한 의견은 해당 단원의 문제 상황을 만들 때 반영하였 다. 선생님이 생각했던 문제 상황이 있다 해도, 학부모가 요청한 의견 이 수업에 더 효과적일 수 있다는 판단이 들었다. 특정 학생이 겪고 있 는 문제라고 해도, 친구가 겪고 있는 문제를 함께 고민해 보는 것이 어 쩌면 학생들에게는 더 실제적일 수 있다. 실제로 학부모의 의견을 반영

문제 상황

최근에 윗집이 이사를 왔습니다. 오래된 아파트라 층간 소음이 심합니다. 어린아이가 있는지 쿵쿵 뛰는 소리에 신경이 날카로워집니다. 저는 아이를 키워 본 경험이 있어서 이해가 되지만, 두 딸은 참기가 힘든가 봅니다. 이 문제를 해결할 수 있는 방법에는 무엇이 있을까요?

(이 내용은 2018년 3학년 학부모님이 제안한 것을 편집한 것임.)

이 문제를 겪고 있는 친구에게 어떻게 조언할 수 있을까?

학부모 의견을 반영하여 만든 문제 상황

한 문제 상황은 학생들에게 좋은 반응을 얻었다.

'들어가기' 단계는 교과 학습의 목적을 생각해 보고, 앞으로의 계획을 공유하는 시간이다. 여기에 한 가지 의미를 더 담는다면 '들어가기'는 학생, 학부모, 선생님이 서로 소통하는 시간이자, '수업 계획 이의 신청 기간'이기도 하다.

창덕여중 1학년 학부모님께

안녕하세요. 자녀의 1학년 2학기 사회 수업을 맡게 된 교사 이은상입니다. 2학기에는 사회, 문화, 정치(법) 등의 주제를 저와 공부합니다. 사회 수업을 통해 우리 사회를 이해하고, 스스로 탐구하며 사회문제 해결에 참여하며 성숙한 시민으로 성장하기를 기대합니다. 아이들의 사회 선생님으로서 부모님께 이해와 협조를 구하고자 편지를 쓰게 되었습니다. 내용을 참고하셔서 아이의 학습과 참여를 지도해주시기 바랍니다.

사회 학습의 목표와 구조

앞서 말씀드린 대로 사회 학습의 목표는 사회현상에 대한 기본적 이해를 통해 성숙한 시민으로서의 교양을 지니고 사회문제에 공감하고 해결할 수 있는 능력을 키우는 것입니다. 교과서 안의 지식을 암기하는 것이 아니라 실제 문제 혹은 미션의 해결에 지식을 활용하는 것, 실제 문제 해결에 참여하는 것이 창덕여중 1학년 2학기 사회 학습의 목표입니다.

사회 학습의 내용

이번 학기에 배울 주제는 총 5개입니다. 사회화&사회 집단에서의 차별 / 문화&대중문화 / 정치&민주주의&정치 참여 / 일상생활과 법 / 현대사회와 사회문제입니다. 내용별로 학생들의 흥미도와 난이도가 다릅니다. 지도교사로서 적절히 내용을 재구성하여 아이들에게 주요 학습 질문(매주 2~4개)을 제시할 예정입니다. 학습 내용에 대한 이해 활동을 2~3시간 동안 진행합니다. 이때, 아이들은 교사가 제공한 학습 자료를 통해 스스로 학습하고 친구와 선생님과 대화를 통해 주제에 대해 이해할 것입니다. 이를 위해 학습할 내용을 교과서에서 찾아 읽고 오는 것이 좋습니다. 마지막 단원인 현대사회와 사회문제는 프로젝트 활동으로 이뤄집니다. 우리 사회의 사회문제를 살펴보는 것뿐만 아니라 자신이 선택한 문제 해결 과정에 참여하는 것에 의미를 두고 있습니다.

사회 학습의 방법

이러한 목표를 달성하기 위하여 수업은 다음과 같이 구성되어 있습니다.

	문제 상황		1개의 대단원		단원평가	기말평가
	8월 3주	8월 4주 ~11월 1주 (2주씩 반복)			11월 2주~11월 4주	12월 1,2,3주
	들어가기 자기조절 역량	**이해 활동** 지식구성 역량	**토론 활동** 비판적 사고력 의사 결정 능력	**적용 활동** 창의력, 정보 활용 역량	**체인지메이커 프로젝트 활동** 협업 역량, 문제 해결 역량	**나오기** 자기조절 역량
활동 질문	사회를 왜 공부해야 하는가?	문제 상황에 필요한 지식은 무엇인가?	소주제에 대한 자신의 생각은?	이해한 것을 어떻게 적용할 수 있는가?	실제 문제를 어떻게 해결할 수 있는가?	한 학기 동안 무엇을 얼마나 학습했는가? 앞으로의 적용 계획은?
평가	학습 계획 세우기 학습 상담(1차, 온라인)	주제별 내용 학습 중간이해평가: 15점, 기말이해평가: 10점	이슈&논쟁 문제 토론 중간토론평가: 15점, 기말토론평가: 10점	실생활 문제 해결 중간적용평가: 15점 기말적용평가: 10점 생활기록부 기재	종합 활동 / 문제 해결 기말평가: 10점	활동 종합평가 학습 활동 성찰 종합논술: 10점
주요 도구	온라인 활동지 (google drive)	온라인 활동지 자기주도학습	온라인 활동지 -토론 참여	온-오프라인 도구	프로젝트 보고서 / 활동 관찰·구술 발표	논술(정기고사) 온라인 평가 상담 및 종합 피드백

주제탐구 활동
지식구성 역량, 창의력, 정보 활용

깊이 있게 탐구해 보고자 하는 것은?

주제별 탐구학습
중간평가: 5점

학생 스스로 선택

※이해 활동/토론 활동/적용 활동은 교사의 피드백을 통해 재도전 기회가 있음.

※주제탐구 활동과 프로젝트 활동은 수업 시간에 교사의 피드백이 제공됨.

8월 3주에는 학습 계획을 작성하고 사회 학습의 목표와 내용, 방법을 이해합니다. 학생들이 작성한 계획서는 선생님으로부터 온라인 피드백을 받게 됩니다. 8월 4주부터 11월 1주까지는 이해/토론 활동과 적용 활동이 진행됩니다. 하나의 학습 주제(문제)를 해결하기 위해 내용을 학습하고 간단한 활동을 하게 됩니다. 10월 1,2주에는 학습한 주제 중 흥미 있는 것을 스스로 선택하여 탐구 보고서를 작성하게 됩니다. 11월 2주부터 약 3~4주는 프로젝트 활동이 진행됩니다. 이 활동에서는 그동안 학습했던 내용과 활동을 종합적으로 활용하는 것입니다. 아이들은 문제 해결에 대한 아이디어 도출에 그치지 않고, 친구, 학급, 이웃, 지역사회를 대상으로 간단한 사회 참여 활동을 경험하게 됩니다. 저는 아이들의 문제 해결 역량이 신장될 수 있도록 최선을 다하겠습니다.

사회 학습의 평가와 기록 : 수행평가 100%

아이들의 활동에서는 대부분 태블릿 PC를 사용합니다. 아이들의 활동 과정과 결과는 온라인상에 저장·제출됩니다. 지도교사는 아이들의 활동이 종료된 후 수정·보완할 점을 온라인으로 제공하게 됩니다. 아이들의 점수도 함께 제시됩니다. 학습 계획 세우기-이해/토론 활동-적용 활동-주제탐구 활동-프로젝트 활동 중 아이들의 수행 과정에 대해서는 생활기록부-교과세부특기사항에도 작성됩니다. 물론 아이들의 참여 자세와 수준에 따라 작성 내용은 달라지게 됩니다. 간혹 학부모님이 학생들의 활동 과제를 대신 하는 경우가 있습니다. 학부모님께서는 응원과 조언만으로 함께해 주세요.

사회 과목의 정기고사(기말고사)는 실시하지 않습니다. 다만, 정기고사 직전에 전체 내용을 종합한 논술 활동이 진행됩니다. 오픈북으로 진행될 예정이므로 암기 위주의 공부법은 필요하지 않습니다. 전체 영역 중 10점에 해당합니다. 즉, 80점은 학습 과정에 성실하게 참여하는 것입니다. 따라서 학부모님께서는 아이들과 평소 자주 대화하거나 토론하는 것, 사회적 이슈에 대한 뉴스나 영화를 함께 보는 것도 도움이 되리라 생각됩니다.

아이의 학습 과정에 대한 관찰이 필요하신 분은 전화나 메일 주시고, 사전 연락 후 수업 참관도 가능합니다. 아이들이 성숙한 시민으로 성장하는 데 작은 도움이 되기를 바라는 마음으로 편지를 마치고자 합니다.

사회교사 이은상 드림
수업 활동의 흐름 QR코드를 통해 보다 상세히 안내받을 수 있습니다.

———————————————— 절취선 ————————————————

• 학부모님의 말씀 : 학부모님께서 주신 의견은 자녀의 학습에 큰 도움이 됩니다.

98 • 세상을 바꾸는 수업, 체인지메이커 교육

5. 실생활 문제가 이끄는 '이해-토론-적용 활동'

문제 상황으로부터 출발

'들어가기' 단계를 지나면 본격적으로 교과 교육과정의 내용들을 학습하게 된다. 아마도 학생들이 생각하는 일반적인 '수업'에 해당할 것이다. 당연히 수업이지만, 체인지메이커 교육 안에서 살펴보면 자기주도성을 기르는 과정이자, 학습하는 체인지메이커로 성장하는 과정이기도 하다. 또한 단원학습을 통해 실제적인 문제를 해결하는 과정이다.

일상생활의 문제에 관심이 별로 없던 학생들이 처음부터 자신만의 문제를 발견하는 것은 결코 쉬운 일이 아니다. 따라서 수업 시간에 다양한 문제 상황을 접해 보고, 학습한 내용을 적용하여 나름의 해결책을 마련해 보는 연습을 함으로써 실제 문제를 해결하는 역량을 기를 수 있을 것이다.

그래서 하나의 단원을 문제 상황으로부터 출발한다. 학생들이 이해하고 토론하고 적용하는 활동은 궁극적으로 문제 상황을 해결하기 위한 것으로 볼 수 있다. 대체로 이해 활동과 토론 활동은 문제 상황과 관련한 교과 학습 내용을 스스로 공부하고, 공부한 바에 대해 대화하는 활동이다. 적용 활동은 공부한 것을 문제 상황에 적용하여 표현하는 활동에 해당한다.

이해 활동에서의 자기주도 학습

이해 활동은 교과 내용에 대한 자기주도적인 학습 활동이다. 시작과 마무리 부분으로 전체 중 20% 정도의 시간은 선생님의 강의로 사용한다. 시작 부분에서 선생님은 단원에 대해 간략히 소개하고 문제 상황을 제시한다. 문제 상황에 대해 학생들과 간단히 얘기를 나눈 후, 학생들이 단원의 기본 질문에 대해 얼마나 알고 있는지를 확인해 본다. 이 질문들은 이해 활동, 토론 활동, 적용 활동에 공통적으로 적용되는 단원의 학습목표이기도 하다. 시작 부분에서 질문에 답해 보게 하는 것은 자신이 얼마나 알고 있는지를 스스로 확인해 보게 하기 위해서다. 어떤 자료도 참고하지 않았음에도 많이 알고 있는 학생들은 좀 더 심화된 학습을 하고, 질문에 대답을 잘 못하는 학생들은 기본적인 내용부터 학습해야 할 것이다.

이것은 다음 단계인 목표 작성에 반영된다. 학생들이 스스로 학습목

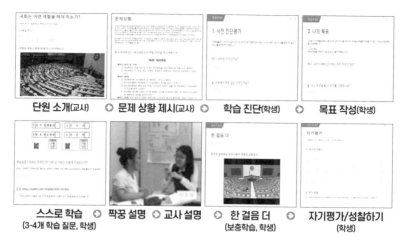

| 단원 소개(교사) | ▷ | 문제 상황 제시(교사) | ▷ | 학습 진단(학생) | ▷ | 목표 작성(학생) |

| 스스로 학습
(3-4개 학습 질문, 학생) | ▷ | 짝꿍 설명 ▷ 교사 설명 | ▷ | 한 걸음 더
(보충학습, 학생) | ▷ | 자기평가/성찰하기
(학생) |

이해 활동의 구조

표를 세우는 것이다. 앞에서 제시한 실제 문제를 해결하는 것이 목표가 될 수도 있고, 학습 내용을 아는 것이 목표가 될 수도 있다. 역시 학생들의 수준에 따라 목표도 달라진다. 물론, 목표를 처음 작성해 보는 학생들은 어려워한다. 들어가기 단계에서 자기만의 질문을 만들지 못하는 것과 비슷한 이유일 것이다. 이런 학생들에게는 선생님이 제시한 목표를 참고해도 괜찮다고 말한다. 처음부터 학습을 주도하기 힘든 학생들에게는 자신에게 주어진 학습의 주도권을 행사하는 것이 가능해지지까지의 시간이 어느 정도 필요한 것 같다.

목표를 작성하면 본격적으로 문제 상황을 해결하기 위해 알아야 할 교과 내용을 학습한다. 학생들에게는 기본 질문이 3~4개 정도 제시된

같은 시간, 서로 다른 학습 자료를 탐색하는 학생들

다. 질문을 접한 학생들은 교과서, 영상, 신문 등의 다양한 자료를 참고하여 질문의 답을 구성한다. 이때, 학생들에게는 가급적 교과서부터 참고하라고 제안한다. 교과서의 표현들은 추상적이고 압축적이어서 궁금증을 유발하기 때문이다. 그런데, 간혹 학생들은 교과서에 나온 내용들을 당연히 받아들여야 하는 것 혹은 암기해야 하는 것으로 생각하기 때문에, 교과서 학습이 오히려 새로운 학습을 방해하기도 한다. 이는 학생들의 학습 성향일 수도 있지만 학생들이 지금까지 받아 온 수업과 평가들이 교과서를 크게 벗어나지 못했기 때문일 수도 있다.

만약, 교과서를 읽었을 때 이해되지 않는 것들이 있다면 영상을 통해 확인할 수도 있고, 백과사전을 찾아볼 수도 있다. 실제로 대부분의 학생들은 이러한 순서로 학습을 진행한다. 학생들은 자신의 흥미와 수준에 따라, 알고 싶은 내용에 따라, 자기에게 맞는 학습 방법과 학습 매체에 따라 각기 다른 학습을 한다. 이러한 활동들은 학기 말 체인지메이커 프로젝트 활동에서 학습을 통한 문제 해결, 다양한 자료 수집을 통한 문제 해결의 밑거름이 된다.

이해 활동에서의 실제적 문제 상황

이해 활동은 문제 상황으로부터 시작된다. 단원의 교과 학습을 문제 상황으로 시작하는 데에는 두 가지 목적이 있다. 하나는 학습과 실제 생활이 분리되어 있지 않다는 것을 알게 하는 것, 즉 실제적인 문제를 해결하기 위해 학습이 필요하고, 학습을 통해 문제를 해결할 수 있음을 경험하게 하는 것이다. 다음은 선생님이 의도적으로 제공한 문제 상황을 경험함으로써 스스로 문제를 발견할 수 있는 능력을 갖추도록 하려는 것이다. 이러한 능력을 '문제 감수성'이라고 할 수 있다. 학생들은 우리 곁에 산재해 있는 수많은 문제들을 느끼지 못하거나, 해결을 시도해 보기도 전에 문제 해결이 불가능하다고 생각하기도 한다. 다양한 이유가 있겠지만 수동적인 교육에 길들여진 탓도 있다. 그래서 단원마다 다양한 문제 상황을 경험해 보고 교과 학습을 통해 문제 해결을 시도해 보는 기회를 갖는다.

문제 상황에는 단원의 '내용', 학생들이 일상생활에서 경험했거나 앞으로 경험할 수 있는 '상황', 학생들이 수행해야 할 '행동'이 결합된다. 문제 상황이 단원의 전체 활동을 포괄하는 구성이 되도록 노력한다. 물론, 수업을 준비할 때 가장 고민이 많이 되면서도 어려운 부분이다. 문제 상황이 학생들에게 흥미 있고 의미 있는 것이어야 하므로, 다양한 자료를 참고하고 학생들을 관찰하거나 직접 인터뷰하기도 한다. 그럼에도 불구하고 개발한 전체의 문제 상황 중 1/3은 성공, 1/3은 그럭저럭, 1/3은 실패한다고 평가해 본다. 문제 상황의 사례들을 몇 가지 소개하면 다음과 같다.

문제 상황 1 : 인권 단원

나는 주말에 고등학교에 다니는 사촌 언니를 만났다. 언니와 이런저런 얘기를 하다가 학교 얘기가 나왔다. 우리 학교는 교실은 물론이고, 학교 모든 곳에서 디지털 기기를 사용할 수 있다고 자랑했다. 말을 마치자마자 언니가 말한다. 수업 시간에 디지털 기기는 둘째 치고 점심시간에 스마트폰이라도 사용하면 좋겠다는 것이다. 언니가 다니는 학교에서는 스마트폰을 아침에 걸어서 하교할 때 돌려준다고 했다. '가방에 넣어 놓고 수업 시간에 사용하지 말아라'가 아니라고 한다. 한 번은 집에 두고 온 물건이 있어서 급하게 연락을 해야 하는데, 교무실에 가서 전화를 하는 것이 불편해서 결국 연락을 하지 못했다는 것이다. 언니의 학생회에서는 학교에 여러 차례 건의를 해 봤지만 소용이 없었다고 한다. 언니는 학교가 불만이지만 참는 것 말고 방법이 있겠냐며 한탄을 했다. 나는 언니에게 조언을 해 주고 싶었지만 마땅히 어떤 말을 해 줘야 할지 생각이 나지 않았다. 만약 내가 언니였다면 어떻게 했을까?

문제 상황 2 : 국제정치 단원

2018년 4월 27일, 온 나라 아니 전 세계가 떠들썩했다. 남북정상회담, 한국의 문재인 대통령과 북한의 김정은 국무위원장이 만났기 때문이다. 1948년 8월 15일 남한에서, 9월 9일 북한에서 각각 단독 정부가 수립된 이후 평화적으로 남북한 정상들이 만난 것은 2000년, 2007년이 전부였다. 2000년, 2007년은 모두 북측에서 만남이 이뤄졌다. 남북한이 한민족이면서 함께 살아가지 못한 지 70년이 되었다. 이번 남북정상회담은 한국전쟁 이후 유지되어 오던 휴전 상태를 종료하자는 합의를 이루고 평화 통일로 나아가는 공감대를 형성했다는 데 의미가 있다.

남북정상회담은 전 세계가 함께 지켜본 역사적 사건이었다. 그런데 신문을 살펴보니 걱정하는 목소리들도 만만치 않다. 국제사회가 협력해야 한반도의 평화와 북한의 핵 문제를 해결할 수 있다는 것이다. 앞으로 북한은 미국, 중국 등과 정상회담이 남아 있다. 한국도 남북정상회담이 끝나자마자 문재인 대통령이 미국, 일본, 러시아, 중국의 대표들과 전화 통화를 했고, 우리나라 대표가 그 나라들을 방문할 예정이다. 통일이 성큼 다가온 것 같지만 마냥 기뻐할 수만은 없는 상황에서 나는 무엇을 할 수 있을까? 나는 청소년의 시각에서 평화를 바라는 소망을 담아 국제사회에 협력을 호소하는 글을 써 보기로 했다. 남북문제가 쉽게 해결되지 않는 이유는 무엇이고, 누구에게, 어떤 내용을 호소할 수 있을까?

학생들은 이러한 문제 상황들이 학습한 내용과 일상생활을 연결한다

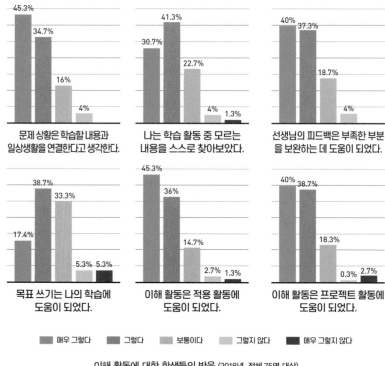

이해 활동에 대한 학생들의 반응 (2018년, 전체 75명 대상)

고 말했다. 또한, 학생들은 이해 활동을 통해 학습한 내용들이 적용 활동과 학기 말 체인지메이커 프로젝트 활동에 도움이 되었다고 평가했다. 학생들이 이해 활동을 어떤 활동보다 유익하다고 평가한 것은 자신들의 흥미와 수준에 따라 학습을 주도할 수 있었기 때문이었을 것이다. 그리고 학생들이 평가한 것과 같이 학습한 내용이 한 차시의 수업으로만 끝나는 것이 아니라, 적용 활동과 프로젝트 활동에도 활용되기 때문이 아니었을까 생각한다.

실제적 문제 상황을 해결하는 적용 활동

이해 활동을 마친 학생들은 처음에 제시되었던 문제 상황을 해결하기 위한 적용 활동을 한다. 적용 활동은 일종의 '문제 해결 활동'이라고 할 수 있다. 또한, 특정 내용을 적용해서 문제를 해결해야 하는 활동이기도 하다. 적용 활동에서는 아무리 문제를 잘 해결했다고 하더라도 학습한 내용을 적용하지 않았다면 좋은 평가를 받지 못한다. 학생들은 적용 활동을 통해 학기 말 체인지메이커 프로젝트 활동에서 활용될 수행 경험들을 하게 된다. 예를 들어, 자료 수집 및 활용하기, 협업하기, 공감하기, 제안하기 등을 단원마다 학습 내용과 관련지어 경험하는 것이다. 다음은 정치 단원에서 수행한 적용 활동 사례이다.

문제 상황 : 정치 단원

나는 우리 학급의 회장으로 대의원회의에 참석했다. 첫 번째 대의원회의라 무엇을 하는 곳인지 궁금하기도 하고, 기대가 되기도 했다. 그런데 대의원회의를 하는 동안 원래 갖고 있던 궁금함은 해결이 되지 않고, 새로운 질문들이 머릿속에 가득 찼다. 회의 내내 아이들은 떠들고, 터무니없는 주장을 하고 있다. 게다가 우리가 원하는 것에 대해 토론하고 나면 그 다음 절차는 무엇인지도 모른 채 자기주장만을 늘어놓고 있다. 집에 돌아오는 길에 나와 친구는 고민에 빠졌다. '대의원회의는 학급 회장들이 주로 모인 자리인데 우리가 무엇을 해야 하는지, 대의원회의는 어떤 모습이어야 하는지……'
집에 돌아가서 우리 학교 규정을 살펴보니 대의원회의의 역할이나 권한에 대한 내용이 없다. 나는 국회와 같은 대표 기관의 역할을 참고하여 학교운영위원회에 규정 개정 의견을 제출하고자 한다. 현재 대의원회의에서는 무엇을 할 수 있을까? 앞으로 대의원회의는 어떤 역할을 해야 할까?

국회의 권한과 역할을 이해하는 것을 목표로 하는 단원에서, 위와 같은 문제 상황이 학생들에게 주어졌다. 적용 활동을 하기 전에 학생들은 이해 활동을 통해 국회의 권한과 역할에 대해 학습했을 것이다. 적용 활동에서는 국회와 관련하여 학습한 내용을 활용해서 '대의원회의'라는 문제 상황을 해결했다. 학생들에게는 학교의 실제 규정과 학교운영

제4장 대의원회

제13조 (목적 및 구성)
① 대의원회는 의결기관으로 본회의 목적달성을 위한 중요사항 등을 심의 결정한다.
② 대의원회는 각 학급 회장, 부회장, 학생회의 임원으로 구성되며 학생회장이 의장이 된다.

제14조 (회의)
① 대의원회의는 정기회의와 임시회의로 나누어 소집한다.
② 정기대의원회는 학생회장이 지도위원회의 지도를 받아 소집한다.
③ 임시대의원회는 회장 또는 회원 1/3이상의 요청이 있을 때 학생회장이 지도위원회의 지도를 받아 소집한다.
④ 대의원회 회의를 소집하고자 할 때에는 안건을 작성하여 개최 1일 이전에 지도위원회 위원장의 승인을 받아야 한다.

제15조 (의결) 모든 회의의 의결은 재적의원 2/3이상의 출석과 출석위원 과반수 이상의 찬성으로 의결하며, 가부 동수인 경우에는 의장이 결정권을 가진다.

제16조 (안건 결재) 의결된 안건은 학생회 담당교사에게 제출하여 학교장의 결재를 득한다.

학생들에게 제공된 학교 규정

제목 : 학생자치회 규정 개정 : 제4장 대의원회의 중심으로

제안자 : ○○○. ○○○. ○○○. ○○○

1. 개정사유(개정안을 제출하는 이유 작성, 3개 이상)

- 현재 2018년도의 상황과 학생자치규정이 맞지 않다고 생각하였기 때문이다.
- 조금 더 많은 의견과 많은 학생들이 참여할 수 있는 학교가 되기 위해
- 학생들의 대표기관으로서 대의원이회가 제대로된 권한과 역할을 시행하기 위해

2. 주요 개정 내용(수정/삭제/추가 할 내용과 그 이유 작성, 3개 이상)

- (수정) ① 회장과 부회장의 선거는 학생회 선거관리위원회가 관장하며, 선거에 관한 모든 것은 지도위원회에서 결정한다.
→ 회장과 부회장의 선거에 관한 모든 것은 학생회에서 결정한다. 학생회가 아무리 좋은 안건을 내놓아도 지도위원회가 거부할 경우, 안건이 통과될 수 없다. 이는 대의원들의 권한을 약화시키는 일이다.

- (삭제) ① 학생회 임원은 품행이 단정하고 봉사정신과 통솔력 부문에서 타의 모범이 되는 학생으로, 상벌규정에 의거 결격사유가 없는 학생이어야 한다.
→품행이 단정하고 봉사정신과 통솔력 부문에서 타의 모범이 되는 학생이 학생회에 들어올 수 있는 자질이 될 수 있지만 그것이 규정으로 되어있는 것은 학생 각각의 개성을 보지 않는 것이며 시대에 맞지 않는 규정이다.

- (추가) 대의원회의는 학생들에게서 나온 여러 규정에 관한 의견과 새로운 규정을 만들 수 있다. 또한 학생자치활동예산안을 심의하고 확정하는 권한을 가지며 대의원들이 가져온 안건들을 표결하여 결정한다. 즉, 대의원회의는 학생들과 관련한 법안과 예산을 심의하고 결정할 수 있어야 한다.

학생들의 학교운영위원회 개정안 제안

위원회 안건 제안 양식이 제공되었다. 학생들은 학교 규정에 대의원회의 권한과 역할이 명시되어 있지 않았다는 것을 확인했고, 국회의 권한과 역할을 참고하여 학교운영위원회 개정안을 제안하는 활동을 했다.

6. 스스로 선택하고 주도하는
'주제탐구 활동'

주제탐구 활동의 내용

학생들에게 설문 조사나 인터뷰를 해 보면 인기가 많은 활동들의 공통점을 발견하게 된다. 선생님이 주도적으로 이끌어 가는 수업들도 인기가 높을 수 있지만, 학생들은 자신이 선택한 활동, 자기가 주도한 활동을 좋아한다는 것이다. 주제탐구 활동은 선생님이 미리 계획해 둔 질문과 문제 상황에 답하는 것이 아니라, 학생 스스로 주제를 선정하고, 개인이 주도적으로 탐구하며 참여하는 활동이다. 앞서 살펴본 활동에서 학생들은 선생님이 계획한 내용과 방법으로 활동을 수행했다면, 주제탐구 활동에서는 자신이 스스로 탐구할 내용을 결정한다. 보통 2~3개 단원을 마치면 3~6시간 동안 주제탐구 활동을 하게 된다.

| 주제 탐색 (교육과정 관련) | 프로포절 (선생님과 1:1 면담) | 주제 선택 (학생 선택) | 활동 진행 (선생님 피드백) | 결과 공유 |

주제탐구 활동 진행 과정

나는 주제탐구 활동을 일종의 '학습 여백'이라고 표현한다. 탐구해야 하는 내용이 명확히 정해지지 않아도, 앞에서 수행한 이해-토론-적용 활동에서 생긴 탐구거리들을 깊게 혹은 넓게 학습하는 활동이기 때문이다. 학습 여백에 무엇을 채울지는 학생들이 결정한다. 여백의 미를 즐기는 방법은 선생님이나 학생 모두 각각 다르지만 때로는 수업에서 여백이 주는 효과가 크게 나타난다.

여백에 무엇을 채울지는 학생들이 결정한다고 했지만, 학생들은 선생님에게 반드시 탐구 주제에 대한 피드백을 받아야 한다. 탐구 주제를 결정한 학생들은 선생님에게 그 내용을 설명하는데, 이때 보통 선생님

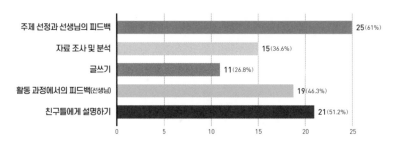

주제탐구 활동에서 가장 도움이 되었다고 생각한 부분 (2017년 12월, 총 41명 중복 체크)

주제탐구 활동에서 프로포절과 피드백

과 일대일로 진행한다. 일종의 프로포절Proposal을 하는 셈이다. 학생들은 선생님과의 대화 혹은 피드백이 가장 도움이 된다고 말한다.

이때, 프로포절을 통과하는 학생도 있지만 탈락하는 학생도 있다. 여기서 '탈락한다'는 것은 선생님과 대화를 통해 주제를 수정했다는 뜻이다. 학생들 중에는 야심찬 포부로 거창한 주제를 선택해서 오는 학생도 있다. 물론 좋은 주제들도 많지만, 관련 자료가 많지 않거나 학생들이 학습했던 교과 내용에서 벗어나는 경우도 있다. 이때에는 처음부터 주제를 탈락시키는 것이 아니라, 학생들에게 선생님의 의견을 제시한 후 최종적인 선택을 학생들 스스로 하도록 한다. 어떤 학생들은 자신이 선택한 주제를 고집하기도 한다.

한번은 사회화 단원을 학습한 후 한 학생이 '4차 산업혁명 시대에 사회화가 어떻게 달라질 것인가?'에 대해 탐구해 보고 싶다고 한 적이 있었다. '4차 산업혁명'이라는 키워드와 '사회화'라는 키워드가 결합된 좋은 주제이다. 그러나 중학교 1학년 수준에서 자료를 쉽게 구할 수 있을 것인가, 두 키워드 간의 관련성을 잘 설명할 수 있을 것인가 등에 대해 학생과 이야기를 나누었다. 학생은 주제에 대해 계속 고민했고, 결국 처음 정했던 주제로 주제탐구 활동을 진행했다.

주제탐구 활동은 학습한 내용 중 더 알고 싶은 것, 왜 그런지 알아보고 싶은 것 등을 학생이 선택하여 탐구하는 것이다. 이 활동을 진행하면서 학생들의 선호, 흥미, 관심사, 이해도, 탐구력 등을 확인할 수 있다.

단순히 궁금한 것을 조사하는 데 머무는 학생들도 있다. 이런 학생들에게는 조사한 내용이 처음 선택했던 주제와 어떤 관련이 있는지, 조사한 내용들을 통해서 무엇을 알 수 있는지 등을 분석해 보도록 한다. 이러한 활동들은 체인지메이커 프로젝트 활동을 할 때, 다양한 자료를 조사하고 분석하는 데 활용된다.

> "사회 학습에서 나에게 도움이 되었다고 생각하는 부분은 바로 주제탐구 활동이다. 여기서는 내 주제를 내가 정하고 내 글을 내가 쓸 수 있어서 특별했다. 보통 글쓰기는 선생님들이 주제를 던져 주는 것인데 내가 직접 주제를 정하여 좀 더 하고 싶은 마음이 생겼다." 2017년 1학년 학생

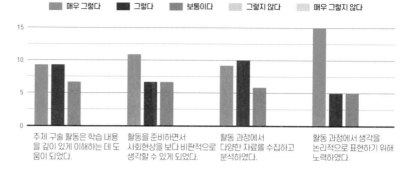

매우 그렇다　■ 그렇다　■ 보통이다　그렇지 않다　매우 그렇지 않다

학생들이 인식한 주제탐구 활동(2017년 12월, 총 41명)

다음은 학생이 수행한 주제탐구 활동 중 일부이다.

그림책과 애니메이션 속 여성의 고정관념

"저 여자는 집에나 있을 것이지, 운전도 못하면서 차는 왜 몰고 나왔대?"와 같은 말들은 요즘 SNS나 일상 대화에서도 무의식적으로 쓰게 되는 여성 혐오 발언들이다. 이 여성 혐오 발언들의 시작은 어디서부터였을까. 영유아기 때부터 찬찬히 살펴보면 그림책과 애니메이션의 영향도 없지 않다. 그림책과 애니메이션은 아이들이 처음 접하게 되는 교육 수단 중 하나이다. 서점이나 도서관의 명작 동화라는 칸 한 켠에는 백설공주, 신데렐라, 인어공주와 같은 동화들이 꽂혀 있고, 전래 동화라는 칸 한 켠에는 콩쥐팥쥐, 심청전, 선녀와 나무꾼과 같은 동화들이 꽂혀 있는데, 이런 동화들을 쉽게 접하면서 당연히 읽어야 하는 것으로 생각하게 되었다. 그런데, 이 동화들은 대부분 여성의 고정관념이 담겨 있다. 이러한 고정관념은 사회화를 통해서 여성 혐오로 이어질 수 있게 된다. 특히 그림책을 읽는 활동은 유아기 때부터 시작되는데 아이들은 흡수력이 빨라 은연 중에 여성의 고정관념이 당연하다고 생각할 수 있게 된다. 우리가 8단원 중 1과에서 사회화와 여성 혐오 부분을 배울 때 한 남자아이가 여성 혐오 발언을 한 것도 또래집단의 영향을 받은 것도 물론 있겠지만 가장 무의식적으로, 은연중에 그것을 접하게 된 것은 아마 유아기 때 동화책과 애니메이션의 영향도 없지 않을 것이다. 우리는 심각한 사회문제 중 하나인 여성 혐오를 무의식적으로 넘어가지 말고 가장 기초적인 부분인 유아기 때의 영향을 먼저 생각해 보아야 한다. 그래서 내가 탐구해 보고자 하는 주제는 8-1의 사회화와 청소년기 부분 중 여성 혐오 부분과 관련지어 그림책에서 나타난 여성의 고정관념과 애니메이션에서 나타난 여성의 고정관념을 탐구해 보고 요즘에는 양성평등과 여성들의 진취적인 모습이 잘 드러난 그림책과 애니메이션들을 함께 살펴보고자 한다. 그래서 그것으로 인한 사회화의 영향을 생각해 볼 것이다."(이하 생략) **박 ○○ 학생**

7. 학생 중심의
'체인지메이커 프로젝트 활동'

활동 시작하기

체인지메이커 프로젝트 활동은 청소년들이 일상생활에서 관찰할 수 있는 문제들을 깊이 있게 살펴보고 문제 해결 과정에 참여하는 것이다. 이러한 활동은 문제 중심 학습, 프로젝트 중심 학습, 디자인씽킹 등의 수업 모형으로 설명될 수도 있지만, 나는 '체인지메이커 프로젝트 활동'이라고 표현한다. 이것은 좁은 의미의 체인지메이커 활동에 해당한다. 수업 시간에 이뤄지는 프로젝트 활동이라는 점을 감안한다면 학생들이 실제 문제를 완벽하게 해결하는 것보다는 자신을 체인지메이커로서 인식하고 행동해 보는 경험을 하는 것에 초점을 두고 있다. 물론, 그동안 학습하고 훈련했던 기능을 종합적으로 활용하는 것도 중요하다.

체인지메이커 활동에서 엄격한 절차가 정해져 있는 것은 아니다. 교사는 사전에 중요하다고 판단한 구조와 단계들을 학생들에게 제시한다. 수업과 평가라는 과정 안에서 학생들이 문제를 해결하는 다양한 방식들을 경험해 보기를 기대하기 때문에, 사전에 계획된 절차를 지키도록 한다. 그럼에도 불구하고 이렇게 묻는 학생들이 간혹 있다.

> 학생 : "선생님, 그냥 제 방식대로 하면 안 돼요?"
> 선생님 : "음······ 너는 어떤 방식으로 하고 싶은데?"
> 학생 : "저는 그냥, 바로 해결하고 싶어요."
> 선생님 : "그런데, 이번 프로젝트에서는 요구한 활동들을 모두 수행해 보고, 나중에 유사한 활동을 하게 될 때 응용해 보면 어떻겠니?"

문제를 해결하는 과정은 저마다 자기에게 맞는 방식이 있다. 그러나 체인지메이커 프로젝트 활동에서 학생들이 수행해야 하는 활동들은 일반적으로 문제 해결 활동을 할 때 꼭 필요한 것들이다. 또한, 체인지메이커로서 경험하게 될 활동들이다. 자기 방식대로 하고자 하던 학생들도 프로젝트 활동이 끝났을 때, 혹은 상급 학교에 진학했을 때, 선생님의 의도와 의미를 어느 정도는 이해하게 된다.

체인지메이커 프로젝트 활동은 보통 2~3주 정도 진행된다. 수업 시간은 팀별로 회의하고, 자료를 분석하고, 피드백을 받는 데 사용된다.

다음에서 보는 바와 같이 학생들은 총 5~6단계, 세부적으로는 10여 단계를 수행해야 한다. 학생들은 대체로 시간이 부족하다고 말한다. 부

체인지메이커 프로젝트 활동 구조

족하다고 말하는 학생들 중에는 활동을 진행하면서 깊이 있게 탐구하고 성실하게 행동하고자 하는 욕구가 있는 경우가 많다. 단지 수행평가이기 때문이 아니라 실제 문제 해결 활동에 몰입하는 학생들이 나타나는 것이다. 반면, 갈피를 잡지 못하고 시간을 허비하는 학생들도 있다.

체인지메이커 프로젝트 활동 내용을 찾아보는 학생

　체인지메이커 프로젝트 활동은 하루 안에 끝낼 수도 있지만, 한 달이 주어져도 끝낼 수 없는 활동이기도 하다. 그래서 선생님의 피드백이 중요하다. 하루에 끝낼 팀에게는 추가적으로 살펴야 할 것들을, 활동이 너무 깊어지는 학생들에게는 제한된 상황 안에서 프로젝트를 진행하도록 안내해야 한다.

　체인지메이커 프로젝트 활동이 진행되면 가급적 선생님의 일방적인 설명을 줄이는 것이 좋다. 심지어는 수행해야 하는 활동 지침들도 웹상에, 게시판에 안내해서 스스로 탐색하게 한다. 물론, 매 시간마다 간단히 설명은 해 주어야 한다. 그러나 실제로 해 보지 않고는, 선생님의 설명만 듣고 잘 이해되지 않을 것이다. 그래서 진행 과정에서 학생들이 필요할 때마다 혹은 하나의 단계를 마무리하고 다음 단계를 시작할 때마다 스스로 찾아볼 수 있도록 안내한다. 체인지메이커 프로젝트 활동에서는 제법 자세히 안내된 가이드북을 학생들에게 제공한다.

지금부터 체인지메이커 프로젝트 활동에 대해 조금 더 자세히 살펴보자.

문제 선정과 팀 구성 첫 단계는 문제 선정이다. 전체 단계 중의 하나인 '문제 발견'과는 구분된다. 문제 선정은 모든 학생들이 개별적으로 관심 있는 주제를 선택하는 것이다. 학기 초, 체인지메이커 프로젝트 활동을 안내할 때부터 관심 있었던 주제일 수도 있고, 단원별 학습을 통해 혹은 단원별 문제 상황을 통해 발견한 문제일 수도 있다. 이때, 문제를 구체적으로 생각해 둔 학생도 있을 것이고, 대강 생각해 둔 학생도 있을 것이다. 물론, 아무 생각 없이 프로젝트를 시작하는 학생들도 있다. 조금 아쉽기는 해도, 이런 학생들도 괜찮다. 이러한 학생들을 위해서 선생님이 예시 문제를 제공한다. 예시라고는 해도, 평소에 학생들이 겪고 있는 문제들을 제공한다. 선생님이 직접 관찰하거나 학생들을 인터뷰한 내용들이 예시 문제로 만들어진다.

그러나 역시 학생들이 직접 찾은 문제를 선택하는 것이 가장 좋다. 학창 시절에 적지 않은 시간 동안 깊이 생각하고 행동해 보고 싶은 문제, 이 문제가 해결되었을 때를 상상하면 가슴이 뛰는 문제, 혹은 자신

문제1 학교 내 잔반을 줄여 주세요.

환경 #음식 쓰레기 문제 #급식 잔반 문제 #환경 문제

즐거운 점심시간, 오늘의 반찬은 배추김치, 시금치 무침, 코다리찜, 우거지 된장국이다. 친구들은 숟가락을 몇 번 드는가 싶더니 이내 잔반통으로 발걸음을 옮긴다. 요즘 아이들의 입맛에 맞지 않는 메뉴가 제공되면 어김없이 잔반통이 넘쳐난다. 선생님들은 식사 시간 내내 급식 지도를 해 보지만 아이들은 해결되지 않는다. 아이들 입맛에 맞는 음식만 먹으려고 하는 것도 문제이지만 날이 갈수록 늘어가는 음식물 쓰레기로 학교는 고민이다. 학교 내 잔반, 어떻게 하면 줄일 수 있을까?

문제2 누가 그러는데 말야······

인권 #집단 따돌림 #카더라 통신 #인권 침해

연예인들의 사생활에 관한 인권 침해, 사람들의 과도한 애정 때문에 인권 침해들이 벌어지고 있는 요즘. 예민한 대중들을 위한 단어가 하나 생겼다. '카더라 통신'이라는 말이다. 실생활에서 자주 쓰이는 '~그렇다고 하더라'에서 뒷말인 '하더라'라는 단어만 딴 것에서 유래되었다. 사람과 사람은 누가 착하고 누가 나쁜지 직접 겪어 보지 않으면 잘 알지 못한다. 그래서 때로는 증거도, 뒷받침할 근거도 없는 단순하고 간결한 '루머'만으로 그 사람을 판단하게 된다. "아니 땐 굴뚝에 연기 나랴" 심정으로 그렇게 완전되고 거짓으로 꾸며진 소문을 듣고 그 사람을 색안경을 끼고 바라보게 되는 것이다. 그런데, 이런 일이 연예인들에게만 일어나는가? 학교에서도 카더라 통신이 난무하고, 친구들 간의 사이가 멀어지거나 심지어는 집단 따돌림으로 이어지기도 한다. 인권 보호 차원에서 우리는 이 문제를 어떻게 해결할 수 있을까?

문제3 우리 학교 규정이 뭐예요?

법 #청소년 법 의식 #학생생활규정

우리 학교에는 학생생활규정이라는 것이 있다. 학생들의 권리
와 의무를 명시한 규정이다. 2016년에 학생들의 인권 보호를
위하여 대대적인 개정이 이루어졌다. 학생들의 회의, 토론, 설
문 등을 통해 만들어진 학생생활규정인데, 과연 학생들은 얼
마나 알고 있을까?

학생생활규정이 있음에도 불구하고, 이를 이해하는 친구들이
얼마나 될지 모르겠다. 학생들의 생활과 관련한 것들을 규정에
명시함으로써 자신의 권리도 보호받고, 공동체의 질서를 유지
할 수 있다. 그런데, 규정에 대한 이해가 부족해서인지, 관심이 없어서인지, 학교와 학생,
선생님과 학생, 학생과 학생 사이에서 불신이 생기기도 한다. 학생생활규정을 학기 초에
안내해 주기는 하지만 관심이 지속되지는 않는다. 우리 학교 학생생활규정을 학생, 교사,
학부모들이 관심을 갖게 할 수 있는 방법은 없을까?

문제4 나는 미세 먼지 해결에 어떤 일을 할 수 있을까?

환경 #환경문제 #사회문제

미세 먼지로 인해 온 국민들이 피해를 입고 있다. 미세
먼지는 다양한 원인이 있다고 들었다. 중국의 미세 먼지
바람 탓이기도하고, 우리가 스스로 만든 공해 탓이기도
하다. 미세 먼지는우리 건강에도 안 좋은 영향을 미친다. 중금속 성분의 미세 먼지가 쌓
이면서 각종 질병을 유발할 수 있기 때문이다. 그래서인지 학교에서도 미세 먼지가 있는
날이면 야외 활동을 줄이고 있다. 부모님께서도 꼭 마스크를 쓰고 가라고 말씀하신다.
미세 먼지가 미치는 영향이 크고 온 국민과 관계된 일인데, 청소년들이 함께 참여해서
해결할 방법은 없을까? 나는 미세 먼지 줄이기라는 프로젝트로 우리 사회에 기여해 보
고 싶다.

여러분에게
공감이 되는 문제, 가슴이 뛰는 문제,
나의 진로와 관계되는 문제를 선택해 주세요.

선택 **중학교 시절, 내가 해결해 보고 싶은 문제!**

?

여러분을 가슴 뛰게 하는 문제
이번 학기 학습한 내용과 관련된
문제
선생님과 상의한 후 결정

의 진로와 관련한 문제를 선택하여 그 해결 과정에 참여해 보는 경험
은 다른 사람이 제안한 문제보다 더욱 의미 있고 재미있기 때문이다.

대신 제약 조건이 하나 있다. 이 수업은 교육과정 안에서 이뤄지기
때문에 그동안 학습한 내용과 관련이 있어야 한다. 그래서 최종적으로
주제를 선택하기 전에 선생님과 반드시 상의해야 한다. 예를 들어, 위

안부 문제를 주제로 선택하고 싶다는 학생이 있다면 수업 시간에 학습한 인권 혹은 국제정치 등과 관련하여 이 문제를 이해하고 해결 과정에 참여하도록 안내하는 것이다.

문제 선정과 팀 구성을 위해서 학생들은 관심 있는 문제를 포스트잇 한 장에 하나씩, 총 두 장을 작성한다. 두 장을 작성하게 하는 것은 학생들에게 선택권을 주기 위해서이다. 체인지메이커 프로젝트 활동은 개별 활동이 아닌 팀 활동이기 때문에 유사한 문제에 관심 있는 학생들을 그룹핑할 필요가 있다. 대부분의 학생들은 자신이 작성한 두 가지 문제 중 친구들의 관심 정도를 살펴본 후 결정한다.

문제 유형들이 어느 정도 구분되면 학급 대표가 팀 구성을 진행한다. 학생 수에 따라 다르지만 최대 5명을 넘지 않도록 한다. 예를 들어, 학생 인권이라는 주제에 7명의 학생들이 선택했다면 이 주제는 두 팀으로 나눠야 한다.

관계를 중요하게 생각하는 학생들은 자신의 관심 주제와 상관없이 문제를 선택하는 경우도 있는데, 나는 이런 학생들도 존중하는 편이다. 아무리 의미 있는 문제 해결 활동을 한다고 하더라도, 친구 관계가 불만족스러운 학생이라면 그러한 활동 과정이 행복할 수 없기 때문이다. 오히려 갈등만 더 심해지거나 자신의 역량을 제대로 발휘하지 못하기도 한다. 어떤 학생들은 자신과 비슷한 관심을 가진 친구를 찾지 못하기도 한다.

관심 있는 문제를 포스트잇에 작성하여 붙이는 아이들

선생님 : "유사한 관심을 갖고 있는 친구들이 없는데…….
　　　　그래도 혼자 진행하겠니?"
학생 : "음…… 네! 저는 이 문제에 관심이 많았어요. 혼자라도 해 보고 싶
　　　어요."

체인지메이커 활동에서 학생들에게 보통 팀 활동을 권장하지만 자
신이 선택한 문제를 고집하는 경우에는 개인 활동도 인정한다. 이런 학
생들에게는 친구와의 관계보다도 문제 그 자체가 중요하기 때문이다.
팀이든 개인이든 학생들이 수행해야 하는 과정은 동일하다. 따라서 개

인으로 참여하는 학생들은 부담이 따를 수밖에 없다. 또한, 팀 활동 과정에서의 재미와 과감한 도전을 경험하지 못한다. 그래서 개인 활동을 한 학생들은 프로젝트 활동을 마친 후, 팀 활동을 하지 못했던 것에 대한 아쉬움을 이야기하기도 한다.

> "자신의 프로젝트 팀 친구들과 만나서 함께 의견을 공유해 보는 것은 꼭 필요해." 2018년 3학년 학생

> "친한 친구와 하지 말고 안 친해도 자신과 의견이 맞는 친구와 했으면 좋겠다는 생각이 들었다." 2018년 3학년 학생

팀이 구성되고 나면 학생들에게 팀 활동에 대해 안내한다. 팀 활동이 이상적이긴 하지만 현실적으로 쉽지 않다는 것도 설명한다. 많은 학생들은 팀 활동을 하며 팀원들과 갈등을 경험한다. 역할 분담 때문이기도 하고, 의견 충돌 때문이기도 하다. 자신이 선택한 문제를 해결하는 활동이라 해도 과정상에서 현실적으로는 갈등이 없을 수 없다. 이는 성인들의 팀 활동에서도 자연스럽게 나타나는 현상이다. 그러나 학생들은 이러한 갈등이 발생하는 것을 잘못된 것으로 생각할 수 있다.

> "활동을 하는 조원은 하고 안 하는 조원은 안 해서 너무 피곤했던 것 같다. 다른 조들은 서로 의견 내고 협동하면서 했는데 우리 조는 그게 안 된 것 같아서 너무 힘들고 시간도 부족해서 아쉬운 것 같다." 2018년 3학년 학생

하나. 친함보다 열정이 기준입니다.

- 친한 관계가 오히려 프로젝트 수행에 방해될 수 있습니다.
- 문제에 대한 열정을 공유하는 친구 누구와도 함께할 수 있습니다.
- 누구와도 협력할 수 있는 여러분의 능력을 테스트해 보세요.

둘. 팀명과 팀 규칙을 정해 주세요.

- 여러분이 하고자 하는 활동과 관련하여 의미 있고, 재미있는 팀명을 만드세요.
- 여러분이 만든 팀이 동아리로 발전할 수 있습니다.
- 보고서 1-2페이지에 포함하세요.

셋. 최대 5명으로 구성해 주세요.

- 프로젝트 수행 인원이 너무 많아도 어렵습니다.
- 다양한 능력을 가지고 있는 친구들이 포함되는 것이 좋습니다.
- 부득이한 경우, 혼자 수행해도 괜찮습니다.

넷. 팀별 커뮤니티에 관련 자료를 올려 주세요.

- 모둠별로 온라인 커뮤니티를 개설합니다.
- 파워포인트는 공동 작업이 가능합니다. / 구글 프리젠테이션 / 패들릿 활용 가능

다섯. 팀별 구성원들의 점수는 다를 수 있습니다.

- 개별 성찰 일기 점수에 따라 다릅니다.
- 수업 중 활동과 관계되지 않은 활동, 학급 활동을 방해하는 학생은 감점될 수 있습니다.

그래서 학생들에게 그런 갈등이 발생할 수 있다는 것을 미리 설명해 둔다. 갈등 관리를 하는 것도 이 활동에 참여하는 학생들이 길러야 하는 역량이 된다. 그리고 리더만이 리더십을 발휘하는 것이 아니라 모두가 리더십을 갖는 것이 중요하다고 설명한다. 체인지메이커는 프로젝트 활동의 리더만을 의미하는 게 아니라, 모두가 체인지메이커로서 자신의 프로젝트에 주인으로 참여해야 하기 때문이다. 물론, 평가에 있어서는 학생들의 기여도를 선생님의 관찰과 성찰 일기를 통해 반영한다. 그러나 좋은 점수를 위해 위장된 협력을 강요할 것이 아니라 자신의 리더십을 확인해 보고 그 능력을 더욱 키워 볼 것을 권한다. 이와 더불어 아래와 같이 몇 가지 사항에 유의하도록 안내한다.

"질문이 곧 답입니다."
프로젝트 활동 중에 일어나는 수많은 질문 속에 답이 있습니다.
상식으로만 문제를 해결하려 하지 말고, 모르는 내용, 궁금한 내용 등은 질문을 통해 해결해 주세요.

"모두가 나를 돕습니다."
여러분의 프로젝트 활동 중 필요한 것이 있다면 모든 선생님들이, 어른들이 도울 수 있습니다.
각 프로젝트와 관련하여 여러분을 도울 멘토를 알려 드리겠습니다.
'안 될 거야'라는 생각은 접어 두세요.

"현재에 충실해 주세요."
수행평가가 몰려드는 시기에 방과 후에는 바쁩니다.
여러분에게 주어진 수업 시간에 토론하고, 질문하고, 탐구하세요.

"각 단계 종료 시, 선생님에게 점검 받으세요."
각 단계에서 수행한 내용을 선생님 앞에서 발표하고, 피드백 받으세요.
점검 받을수록 프로젝트의 질이 높아집니다.

문제 발견 잠정적인 문제를 중심으로 팀이 구성되었다면 본격적으로 문제를 발견하는 활동을 하게 된다. 예를 들어, 환경문제를 선정한 팀은 '학교 내 급식 잔반 문제'라는 보다 구체적인 문제를 발견하고 나타나고 있는 현상을 확인하는 것이다. 막연히 급식 잔반이 문제라고 생각했던 학생들은 급식 잔반이 환경에 미치는 영향, 학교에 미치는 재정적 손실, 학생들의 영양 불균형 등의 문제들로 구체화할 수 있다. 즉, 문제 발견은 문제가 어떻게 나타나고 있는지를 객관적으로 살펴보는 일이다. 이를 위해 학생들에게 몇 가지 질문에 답하도록 한다.

"문제는 어떻게 나타나고 있나요?"

이 질문은 학생들이 선택한 문제가 어떤 상황인지, 이 문제와 관련된 사람들은 어떤 어려움을 겪고 있는지를 살펴보는 것이다. 문제가 바람직하지 못하다고 할 정도로 부정적인 현상으로 나타나고 있는지를 확인하는 것이다. 뉴스나 교과서에 나온 문제들은 어느 정도 심각성이 드러나 있지만 그 문제들이 자신의 일상에서 얼마나 심각하게 나타나고 있는지를 모르는 경우가 많다. 학생 인권 문제를 선택한 학생들은 학생들의 인권을 보장해야 한다고 주장하지만, 학생들에게 나타나는 인권 문제가 무엇인지, 실생활에서 어떤 어려움을 겪고 있는지에 대해 살펴보지 않는다면 실질적인 문제 해결이 이뤄질 수 없다. 따라서 이 과정에서 인터뷰, 설문 조사, 인터넷 검색 등을 활용하도록 안내한다.

첫 번째, 인터뷰는 문제를 겪고 있는 대상들을 직접 찾아가서 어려움을 파악하는 것이다. 만약, 학교 안에서 대상자를 인터뷰할 수 있다면 수업 시간에 다녀오도록 한다. 그러나 학교 밖에 대상자가 있다면 어쩔 수 없이 방과 후에 인터뷰를 해야 한다. 전화 인터뷰는 수업 시간에 가능하다.

인터뷰를 할 때에는 간단히 물어볼 내용들을 정리하도록 한다. 앞에서 언급한 바와 같이 체인지메이커 프로젝트 활동은 실제 문제 해결에 참여하는 과정이지만, 문제 해결에 필요한 기능을 사용하고 훈련하는 기회이기도 하다. 따라서 인터뷰를 할 때 지녀야 할 태도와 역할에 대해서도 미리 간략히 안내해 준다. 예를 들어, 인터뷰 대상에게 인터뷰의 목적을 설명하고, 대상자가 원할 경우 익명을 보장하며 개인 정보를 유출하지 않겠다는 내용을 설명하도록 한다. 인터뷰 시 상대방의 동의하에 녹음 혹은 촬영을 하고, 중요한 내용은 메모하며 듣도록 한다. 그래야 인터뷰 과정에서 생기는 궁금증을 추가로 질문할 수 있다.

두 번째, 설문 조사는 많은 학생들이 사용하는 방법이다. 그러나 생각보다 오류를 많이 범하는 방법이기도 하다. 따라서 설문 조사 역시 그 목적이 분명해야 한다. 인터뷰는 대화 과정에서 문제 상황을 깊이 있게 파악할 수 있지만, 설문 조사는 질문을 잘 선정하지 않으면 아무리 많은 설문 결과를 얻었다 해도, 문제 해결에 도움이 되지 않을 수 있다.

그래서 이 단계에서는 전년도 학생들이 사용했던 설문지를 미리 보여 준다. 만약 이 설문지를 받는 입장이라면 어떤 생각이 들까? 답변하는 데 어떤 어려움이 있을까? 만약 설문 대상자라면 이 설문지를 어떻게 수정하겠는가? 등의 질문으로 활동을 해 볼 수 있다.

예를 들어, 다음의 설문지는 설문 조사의 목적이 나타나 있지 않아서 응답자가 꼭 답변해야 하는 것인지, 성실하게 답변할 필요가 있는지 등을 고민하게 한다. 또한, 성별과 나이 정보를 묻는 질문이 있다. 설문을 수행한 팀은 이 정보를 분석에 활용할 생각이었으나 실제로는 무의미한 정보가 되었다. 물론, 개인 정보에 따라 응답 결과가 달라짐을 확인하고 분석한다면 프로젝트 수행 과정에서 문제 해결의 대상을 보다 명확히 할 수 있을 것이다.

낙태죄 1차 설문 조사

〈낙태죄 : 자연 분만기에 앞서서 태아를 인위적으로 모체 외에 배출시키거나 모체 내에서 상해하는 죄. 임산부의 청탁을 받은 타인(의사, 한의사, 조산사, 약제사 등)이 낙태하게 하는 경우에도 임산부와 같이 처벌을 받는다.〉

0. 성별
① 여자 ② 남자

0-1. 나이
(⑤에 작성하실 경우. 다른 보기와 같은 형태로 작성해 주세요.)
① 10대 ② 20대 ③ 30대 ④ 40대 ⑤ 기타 (   )

설문 조사 이전 낙태죄에 대해 알고 계셨나요?
(①을 선택하셨다면 1-1번부터, ②를 선택하셨다면 2번부터 응답해 주세요.)
① 예 ② 아니요

1-1. 낙태죄를 알게 된 계기는 무엇인가요?
① SNS(트위터, 페이스북 등) ② TV(뉴스 포함) ③ 주변 사람(가족, 친구, 선생님 등)
④ 기타 (   )

2. 낙태죄에 대해 어떻게 생각하시나요?
① 폐지해야 한다. ② 폐지하지 않아도 된다. ③ 잘 모르겠다.
④ 상관없다. ⑤ 기타 (   )

2-1. 2번에서 그렇게 생각한 이유는 무엇인가요?
예) 여성의 인권을 보장해 주지 않는 법이기 때문이다. 대한민국은 출산율이 저조하기
    때문이다. 등
(   )

설문을 작성해 주셔서 감사합니다.

이 설문지의 본격적인 질문은 크게 세 가지이다. 낙태죄에 대해 알고 있는가? 낙태죄를 알게 된 계기는 무엇인가? 낙태죄에 대해 어떻게 생각하느냐? 설문 조사는 문제 발견 단계에서만 사용되는 자료 수집 방법이 아니다. 다만, 문제 발견 단계는 앞서 설명한 바와 같이 무엇이 문제가 되고 있는지를 파악하는 과정이다. 현재, 이 설문지에서는 1번 질문을 제외하고는 문제 발견에 사용하기가 애매한 상황이다. 따라서 다음과 같은 방법으로 설문지를 작성해 보도록 안내한다.

1. 설문지에 들어갈 내용을 브레인스토밍한다.
2. 브레인스토밍 후 팀원들과 설문지에 들어갈 내용을 선택한다.
3. 설문지에 스스로 답해 보고, 설문지를 수정한다.
4. 설문지를 배포할 방법(온라인, 오프라인)을 논의한 후 선택한 방법으로 설문 조사지를 만든다.

세 번째, 문제와 관련된 인터넷 정보를 찾아보는 인터넷 검색은 가장 많이 활용되는 방법이다. 난민 문제, 성소수자 문제 등과 같이 학생들이 수업 시간에 인터뷰하거나 설문 조사하기 어려운 대상들을 인터넷을 통해 간접적으로 만날 수 있기 때문이다. 인터넷 정보 중 신문 기사, 영상 등이 가장 많이 활용된다. 언론을 통해 보도된 문제 상황, 문제를 겪고 있는 사람들의 이야기를 통해 문제의 심각성을 파악할 수 있다. 이때, 학생들에게 반드시 지키도록 강조하는 것이 바로 '자료의 출처'이다. 자료의 신뢰성을 확보하기 위한 노력이기도 하고, 정보 윤리를 지키는 습관을 들이기 위해서이기도 하다. 문제와 관련된 자료를 검색했다면 단 하나의 사례가 아닌, 가급적 여러 사례가 확보되어야 보다 문제의 심각성을 인정받을 수 있다.

문제 상황이 어느 정도 파악되었다면 학생들에게 다음의 세 가지 질문에 반드시 답해 보도록 한다.

> "문제가 지속된다면 어떻게 될까요?"
> "이 문제를 왜 해결해 보고 싶나요?"
> "다른 사람들은 이 문제에 대해 어떤 반응을 보였나요?"

문제가 지속되었을 때를 상상해 보는 것이다. 문제가 지속되었을 때 관련 당사자들이 겪게 될 어려움, 사회적인 문제 등을 예측해 보고, 그것이 나와 어떤 관계가 있을지를 생각해 본다. 이 문제가 타인의 문제가 아니라 결국 나와 연결되어 있음을 인식하는 것이 이 질문의 취지이다.

여기까지 질문에 답했다면 학생들은 이 문제를 해결해 보고 싶은 이유에 대해 말할 수 있을 것이다. 문제 상황을 풍부하고 깊이 있게 파악한 개인과 팀일수록 이 질문에 보다 자신 있게 답할 수 있을 것이다. 여전히 해결해 보고 싶은 이유를 찾지 못한 팀이 있다면 다른 문제를 찾아보도록 하는 것이 좋다. 실제로 그런 학생들이 3~4팀 된다. 명확하게 발생하고 있는 문제라고 하더라도 팀이 해결해 보고 싶은 문제가 아니라면, 프로젝트를 진행하는 데 어려움이 따르게 된다. 체인지메이커 활동 메커니즘으로써의, '연결-공감-감사-행동-변화'의 흐름을 생각해 보면 쉽게 이해될 것이다. 그 문제가 나와 연결되어 있음을 확인하고 깊이 공감할 수 있어야 결국 그 문제가 나의 문제가 된다.

문제가 어느 정도 정해진 팀들은 다른 사람들에게 팀의 문제를 설명해 본다. 팀에서는 중요하다고 생각한 문제이지만 다른 사람들에게는 그렇지 않을 수도 있다. 팀의 논의 과정에서는 의미와 재미를 충분히 찾은 문제라 해도 다른 사람들에게는 공감이 되지 않을 수 있다. 문제가 너무 지엽적이거나 편향적일 때, 인터뷰, 설문 조사, 인터넷 검색 등을 통해 충분히 자료를 확보하지 못했을 때 이런 현상이 나타날 수 있다. 앞에서 예를 든 낙태죄 팀의 경우, 낙태죄 자체를 팀의 문제로 설정했기 때문에 누가 어떤 고통을 받고 있는지를 명확하게 파악하지 못했다.

특히, 학생들의 눈높이에서 문제를 발견한 것이기 때문에 부모님이나 선생님에게 피드백을 받는 것이 필요하다. 학생들은 다양한 대상들을 만나고 다른 사람들에게 설명함으로써 현상을 정확히 파악했는지, 해결할 만큼 문제가 부정적으로 나타나고 있는지를 다시 한번 점검하고 부족한 부분을 보완하게 된다. 또한 이 과정은 다른 사람들에게 문제의 심각성을 알리는 기회가 될 수도 있다.

문제 발견 과정을 통해 학생들이 성찰한 내용들을 소개해 본다.

"난민에 대해 관심이 없었는데 난민의 힘든 점을 공감하게 되었다. 그리고 내전으로 인해 시리아 난민들이 정말로 끔찍한 생활을 견뎌 내는 것이 참 대단하고 한편으로는 너무 불행한 삶을 산다는 것을 알게 되었다."

"이 단계를 마치고 나서 느낀 점은 화장이란 주제가 쉬울 줄 알았는데 생각 보다 딱 정해진 것이 없어서 글을 쓰는 데 많은 어려움이 있었고, 학교 안에서 여러 선생님들을 대상으로 인터뷰를 하였는데 선생님들의 의견이 다 비슷비슷해서서 좀 놀랐던 것 같다. 거의 말씀하시기를 화장은 해도 되는데 너무 과도한 화장 말고 적당한 화장 정도는 당연히 찬성이라고 하셨다. 가장 기억에 남았던 인터뷰는 ㅇㅇ선생님 인터뷰였다. 질문이 '학생들이 화장하는 것에 대하여 어떻게 생각하시나요?'였는데 선생님께서 당연히 찬성이라고 하시고 이유가 '학생들은 왜 화장하면 안 되나요, 그리고 학생다움의 기준은 무엇인가에 대해서도 자신이 정확하게 답하지 못하기 때문에 학생들은 단지 규정 때문에 이런 틀에 박혀 있다'라고 말씀하신 것이 너무 공감이 되었다. 자신도 정확하게 답변을 하지 못하는데 이것을 남에게 지키게 하려 하면 그것은 정말 있어서는 안 될 문제라고 생각했다. 그리고 오늘은 선생님들의 의견만 들어 보았지만 매일 틈틈이 우리랑 똑같은 위치에 있는 학생들에게도 의견을 묻고 싶다. 나 혼자 생각할 것이 아닌 다양한 사람들을 만나 보는 게 좋을 것 같다:)"

"여성 인권이 침해되고 존중받지 못하는 경우를 한 사람씩 이야기하면서 다양한 의견들을 들어 보았다. 그리고 내 생각과 친구들의 생각이 많이 다르지 않다는 것을 알 수 있었다. 사회나 노동 등 다양한 분야에서 여성 인권이 지켜지지 않는 경우도 알 수 있었다. 남성들이 생각하기에도 일리가 있는 주장과 근거를 이야기하면서 발표 자료를 만들고 보완하고 싶다."

"우리가 깊게 생각하지 못했던 부분들이 크게 문제들을 불러일으키고 있다는 것을 알게 되었다. 우리가 매일같이 남기던 잔반들이 모여서 그것의 무게에 따라 처리하는 값이 매겨지며 이러한 음식물 쓰레기를 처리하는 과정에서 환경오염이 발생하는데 이러한 문제들이 지구온난화와 관련이 있다는 것을 알게 되었다."

문제 정의하기 해결하고자 하는 문제를 발견하고 객관적인 상황을 파악하였다면, 그 문제가 왜 발생하는지를 분석해 본다. 문제를 분석하여 팀의 잠정적인 목표를 설정하는 것이 문제 정의하기 단계에서 해야 할 활동이다. 이 단계의 활동은 단순하지만 학생들이 꽤 어려워하는 활동 중 하나이다. 문제가 정해졌으니 바로 해결책을 생각하면 된다고 여기기 때문이기도 하다. 한번은 이런 경우가 있었다.

한 팀이 급식 잔반이 많이 발생하는 문제에 관심을 갖고 프로젝트를 진행했다. 이 팀은 앞에서 언급한 '다른 사람에게 팀의 문제를 설명해 보기'를 생략했다. 그리고 바로 급식 잔반을 줄이기 위해 학급별로 잔반 줄이기 경쟁을 추진했다. 고학년 선배들이 점심시간마다 모든 학생들의 잔반량을 체크하고 잔반을 남기지 않는 학생들에게 스티커를 줬다. 스티커를 받은 학생은 학급 점수판에 스티커를 붙였다. 2주 동안 가장 많은 스티커를 모은 반이 간식 보상을 받게 되는 것이었다.

이 팀의 프로젝트는 잔반을 줄이는 데 성공했을까? 일시적으로는 성공하는 것처럼 보였다. 실제로 잔반량도 줄었다. 그러나 점점 급식을 처음부터 받지 않는 학생들이 늘었고, 프로젝트가 종료된 후에는 잔반량도 원래 상태로 돌아갔다. 이 팀의 문제는 무엇이었을까?

문제를 해결하기 위해서는 문제가 발생한 원인을 따져 봐야 한다. 비유하여 설명하자면 병원 진료와 유사하다. 우리가 병원에 가면 의사 선생님이 진료를 한다. 환자가 감기에 걸린 것 같다고 판단하더라도 의사 선생님은 코에 이상이 있는지, 목에 이상이 있는지 아니면 소화기 계통에 이상이 있는지 등을 따져 본다. 그리고 그에 맞는 처방전을 써 준다. 감기에 걸릴 때나 배가 아파서 갈 때나 항상 같은 약을 처방해 준다면 질병을 제대로 치료할 수 없을 것이다.

학생들의 문제 해결 활동도 마찬가지이다. 무언가의 해결책을 결정하기 위해서는 문제가 발생한 원인을 반드시 따져 봐야 한다. 앞에서 언급한 팀의 경우, 잔반 줄이기 경쟁을 도입했다면 문제의 원인이 이와 관련되어 있어야 한다. 잔반이 많이 남는 원인을 살피지 않고 경쟁 요소를 무분별하게 도입했기 때문에 다양한 부작용이 발생한 것이다.

학생들에게 강조하는 것 중의 하나는 '문제-원인-해결책'이 일관성을 지녀야 한다는 것이다. 보통 하나의 문제는 여러 가지 원인을 갖고 있다. 또한, 하나의 원인 역시 여러 가지 해결책이 도출될 수 있다. 예를 들어, 학교 내 장애 학생 차별 문제를 선정한 팀이 있다고 가정해 보자. 장애 학생 차별의 원인으로는 '차별이 무엇인지 몰라서, 장애 학생 인권 보장 및 차별 금지에 대한 교육을 잘 받지 못해서, 장애 학생 차별에 대한 엄격한 규정이 없어서' 등으로 다양할 것이다. 그리고 원인 간의 위계도 존재할 것이다. 몇 가지만 살펴봤지만 각각의 원인에 대해서

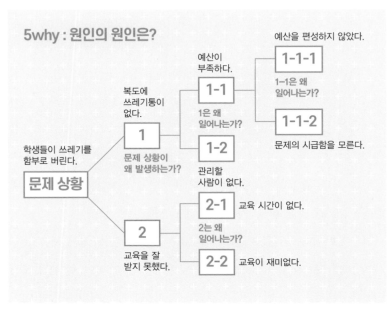

5why : 원인의 원인은?

예산을 편성하지 않았다.

1-1-1

1-1은 왜
일어나는가?

1-1-2

문제의 시급함을 모른다.

예산이
부족하다.

1-1

1은 왜
일어나는가?

1-2

관리할
사람이 없다.

복도에
쓰레기통이
없다.

1

문제 상황이
왜 발생하는가?

학생들이 쓰레기를
함부로 버린다.

문제 상황

2

교육을 잘
받지 못했다.

2-1 교육 시간이 없다.

2는 왜
일어나는가?

2-2 교육이 재미없다.

5why 기법의 활용 사례

해결책도 다를 것이다. 장애 학생 차별의 원인이 '차별이 무엇인지 모르는 것'이라면 해결책으로는 차별의 의미를 학생들에게 설명해 주고, '엄격한 규정이 없는 것'이 원인이라면 관련 규정을 마련해야 할 것이다. 학생들은 차별이 무엇인지도 제대로 모르는 상태인데, 엄격한 규정만 만들어 놓는다면 근본적으로 문제를 해결했다고 볼 수 없다.

이 단계에서 학생들에게 권장하는 방법이 5why 기법이다. 무엇이 원인인지를 계속 물어봄으로써 보다 근본적인 원인을 찾아내도록 하는 것이다. 위 그림에서와 같이 '학생들이 쓰레기를 함부로 버리는 것'

이 문제일 때, 학생들은 그와 관계된 원인을 브레인스토밍한다. 학생들은 '복도에 쓰레기통이 없다.', '학생들이 교육을 잘 받지 못했다' 등의 원인을 찾을 수 있을 것이다. 그렇다면 복도에 쓰레기통이 없는 이유를 다시 묻는다. 학생들은 '예산이 부족해서' 혹은 '쓰레기통을 관리할 사람이 없어서' 등과 같은 원인을 작성할 것이다. '교육을 잘 받지 못했다'의 경우에도 '교육 시간이 없다' 혹은 '교육이 재미없다' 등의 원인이 다시 나올 수 있다. 이렇게 하나의 문제 상황으로부터 수많은 원인들이 가지를 뻗어 나가면 가장 적합한 원인을 찾을 수 있게 된다.

물론, 하나의 문제 상황에는 복합적인 원인이 작용하기 때문에, 학생들은 팀에서 초점을 맞추고자 하는 원인을 선택하는 것이 좋다. 위 사례에서 학생들은 쓰레기 문제의 원인으로 예산이 부족하다는 것보다 교육이 재미없다는 것에 집중하는 게 문제 해결의 실현 가능성에 좀 더 근접하다고 판단할 수 있다.

5why는 문제의 다양한 원인과 보다 근본적인 원인을 찾기 위한 방법이지만 학생들에게는 익숙하지 않은 방식일 수 있다. 생소한 상태에서 근본적인 문제의 원인을 따져 보라는 것이 부담스러울 것이다. 그럼에도 불구하고 체인지메이커 프로젝트 활동을 통해 이런 경험을 해 보는 것은 문제의 복잡성을 이해하고 팀이 집중하고자 하는 문제를 단순화하는 데 도움이 된다. 어떤 체인지메이커도 모든 문제를 해결할 수는 없다. 체인지메이커들은 자신의 상황에서 집중하고자 하는 문제를 분명히 하는 사람들인 것이다.

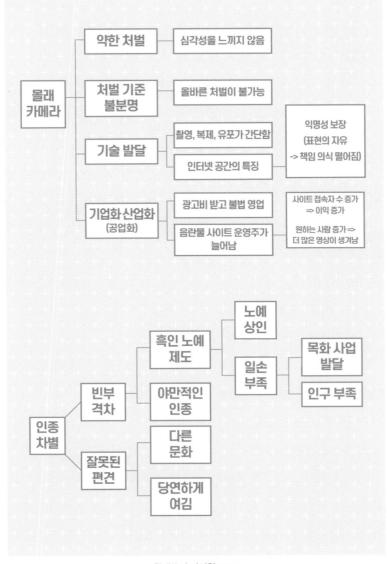

학생들이 작성한 5why

학생들이 해 본 5why를 살펴보면, 하나는 몰래카메라 문제이고, 다른 하나는 인종 차별 문제에 관한 것이다. 두 사례 모두 학생들은 5why를 따져 보느라 열띤 논의를 했으리라 짐작된다. 이 중 인종 차별 관련 5why에서는 상대적으로 아쉬운 부분이 발견된다. 인종 차별을 선택한 학생들은 차별을 당연하게 여기는 것을 원인으로 선택했다. 아마도 차별을 당연하게 여기는 것에 대한 원인들도 다양할 것이다. 그것을 밝힌다면 문제를 보다 명확하게 진단할 수 있었을 것이다. 그래서 끊임없이 질문하는 것이 중요하다.

또한, 인종 차별은 인종 간의 빈부 격차에서 비롯되는 것이 원인이라고 했고, 그러한 빈부 격차는 흑인 노예 제도에서 비롯된다고 분석했다. 브레인스토밍 과정에서 도출되었겠지만 사실 확인이 필요할 수 있다. 게다가 흑인 노예 제도의 원인으로 역사적인 현상들을 작성하였다. 이러한 분석은 인종 차별 문제가 일어난 배경과 맥락을 이해하는 데에는 도움이 되지만, 문제 해결이라는 실제적 활동으로 연결되지 않을 수 있다. 즉, 5why는 문제 해결로 나아가는 실제적인 활동이다. 체인지메이커 프로젝트 활동에서의 모든 경험이 마찬가지이다. 경험을 위한 경험, 분석을 위한 분석이 아니라 해결을 위한 분석과 경험이라는 것을 강조할 필요가 있다.

문제의 원인을 분석하는 데 주의할 점이 하나 더 있다. 원인을 분석하고, 초점을 맞추고자 하는 원인을 선택하는 것은 팀의 논의만으로는 부족하다는 것이다. 문제를 겪고 있거나 잘 알고 있는 당사자들이라면,

팀에서 분석한 원인의 적합성이 높겠지만 그렇지 않은 경우에는 위험한 선택을 할 수도 있다. 마치 의사 선생님이 환자를 만나 보지도 않고 병명과 처방을 내리는 것과 같다. 따라서 문제의 원인을 선택할 때에는 사전에 충분한 자료 조사를 바탕으로 하거나 잠정적인 원인을 선정하여 문제를 겪고 있는 대상들에게 확인하는 것이 필요하다.

앞에서 문제의 원인을 분석하였다면 이제 팀의 목표를 분명히 정의한다. 목표는 프로젝트 활동의 방향이자, 성공 기준이 된다. 따라서 명확하게 팀의 목표를 선정하는 것이 필요하다. 이때, 활용하는 방법이 SMART 목표 설정 방법이다.

Specific : 구체적인   정확히 무엇을 하려고 하는가?

Measurable : 측정 가능한   성공을 측정할 수 있는 방법이 있는가?

Achievable : 달성 가능한   목표는 해낼 수 있는 일인가?

Realistic : 현실적인   상황을 고려했을 때, 현실적인 목표인가?

Timely : 시기가 구체적인   언제까지 목표를 달성할 것인가?

SMART 목표

SMART 목표 설정 방법

구체적인Specific, 측정 가능한Measurable, 달성 가능한Achievable, 현실적인Realistic, 시기가 구체적인Timely 목표를 설정하는 데 참고가 되는 내용들이다.

예를 들어, '학생 인권 문제를 해결하겠다.'는 목표는 어떠한가? 바람직한 목표이긴 하지만 SMART 목표 설정 방법에 근거하여 따져 본다면 부족한 목표이다. 학생들은 학생 인권 문제 중 무엇을 문제로 설정하였는지, 어느 정도 문제 상황이 나아지면 성공이라고 할 것인지, 언제까지 달성할 것인지 등의 정보를 제시하지 않았다. 목표는 남을 위한 것이 아니라 팀을 위한 것이다. 등산을 할 때, 오늘은 어디까지 갈 것인지를 결정해야 속도와 경로를 조절할 수 있는 것과 같은 이치이다. 물론, 목표를 구체적으로 설정한다는 것도 어쩌면 학생들에게 익숙하지 않은 방법일 수 있다. 학생들이 스스로 무엇인가를 결정하거나 도전하는 경험이 많지 않기 때문이다. 또한, 문제 발견과 원인 분석이 제대로 되지 않은 경우에도 팀의 목표를 설정하는 것이 쉽지 않다. 팀의 목표만 봐도 앞 단계의 활동 과정을 가늠할 수 있는 이유이기도 하다.

SMART 목표는 잠정적인 목표이다. 일종의 1차 목표 설정이 될 것이다. 구체적으로 어떤 행동을 할 것인지는 해결책 선정 단계에서 정해지기 때문에 추후 더욱 구체화할 수 있다. 즉, 최종적인 목표는 실행 전에 다시 검토하는 것이 좋다.

여기까지가 체인지메이커 활동의 전반부에 해당한다. 전반부이지만 전체 활동에서 차지하는 중요도 혹은 비중은 70% 정도 된다. 자신과 연결된 문제를 깊이 있게 이해, 공감한 후 명확하게 해결하고자 하는 문제를 정의해야만 앞으로의 활동이 효과적으로 진행되기 때문이다. 사회에서 우리가 만나는 혁신적인 체인지메이커들이 수행하는 활동 경험이지만 우리는 그 과정을 관찰한 적이 없기 때문에 그들의 활동 결과만 주목하게 된다. 그러나 그들에게는 문제를 명확하게, 구체적으로 정의해 내는 행동이 자동화되어 있을 것이다.

처음에는 심각하다고 생각한 문제, 흥미 있다고 생각한 문제를 선택했어도 원인 분석과 목표 설정을 거치면서 생각이 달라질 수 있다. 그래서 선택한 문제를 포기하고 처음부터 다시 시작하는 학생들도 있다. 프로젝트에 대한 욕심과 열정이 있기 때문이다. 학생들이 이 과정을 어려워하는 만큼 선생님의 적절한 지원과 피드백이 필요하다. 다시 처음으로 돌아가는 학생들을 줄이기 위해서라도 선생님은 보다 세심한 관찰과 조언을 해야 한다.

문제 정의하기 단계에서의 학생들의 성찰 내용을 소개해 본다.

"이번 단계에서 이 문제가 발생하는 근본적인 원인에 대해 다시 한 번 더 생각해 보게 된 것 같다. 또한 이 문제를 해결하기 위해 어떤 생각을 해야 하는지 알아보게 된 것 같다. 이런 생각을 하고, 나 자신을 되돌아보면서 우리 팀의 목표가 무엇인지 더욱 생각해 보고 보완해 봐야겠다고 생각했다."

"학생들이 잔반을 남기는 근본적인 이유와 원인에 대해서 깊게 생각해 볼 수 있었고 , 잔반을 줄이게 된다면 환경오염과 지구온난화 문제도 조금씩 줄일 수 있다는 것을 알게 되었다. 보완해야 할 점으로는 좀 더 다양한 자료들과 전문적인 자료 조사가 필요할 것 같다."

"처음에는 구체적인 목표가 정확히 잡히지 않아서 문제가 있었는데 그래도 피드백을 받고 나니 목표가 구체적으로 잡힌 느낌이다. 그리고 우선은 전체적으로, 현재 우리가 문제로 삼고 있는 것과 목표를 통일하고 고칠 것들은 빠르게 고쳐서 하루빨리 모의 실행 단계까지 가야 될 듯하다."

"청소년 참정권이 주어지지 않는 것이 오랫동안 굳어져 있어서 그냥 그런건가 보다 하고 생각했었는데 최근 이슈가 되고 있고, 얼마 전 교육감 모의투표를 통해 이 문제에 관심을 갖게 되었다. 이것이 사회문제로 받아들여지고 내가 원하는 목표를 이루기 위해서 더 좋고 더 많은 해결 방안을 강구해야겠다. 설문 조사를 해 보니 내가 생각한 것보다 더 다양한 답변들이 나왔다. 설문 조사에 성실하게 임해 주신 선생님들과 친구들, 가족들께 감사하다. 설문 조사를 통해 더 많은 정보를 얻게 된 것 같아 많은 도움이 되겠다. 나도 청소년이고 이 문제가 현재 나의 삶과 관련된 문제니 더 열정을 가지게 되는 것 같고, 더 흥미롭게 진행되는 것 같다."

"청소년 화장에 대한 어른들의 시선과 그런 것들이 문제라고는 생각했지만, 그게 왜 문제이고 그 원인이 무엇인지는 평소에 생각해 보지 못했는데 이 시간을 통해 이게 왜 문제이고 원인은 무엇인지 생각해 볼 수 있어서 좋았다. 1단계 성찰에서도 말했지만 내가 학생이라 해서 학생의 입장에서 불만을 토하기보다는 어른의 입장도 생각해 보고 학생의 입장도 생각해 보고 중립에서 어른과 청소년의 입장을 모두 고려해서 프로젝트를 하고 싶다."

해결책 도출하기 문제가 무엇인지, 그 원인이 무엇인지를 따져 봤다면 이제 해결책을 도출할 차례이다. 이를 위해서 학생들은 아래와 같은 질문에 답을 하게 된다.

"기존의 해결 사례&아이디어는 무엇인가요?"

이 단계에서 팀은 자신이 찾은 문제, 팀이 분석한 원인에 적합한 해결책을 도출할 것이다. 그런데 누군가 혹은 어디선가 이미 해결책을 실행했다면 학생들에게 좋은 정보가 될 것이다. 기존의 사례에서 성공한 해결책이라면 팀의 상황에 맞게 어떤 부분을 적용할 수 있을지, 실패한 해결책이라면 어떤 부분을 개선할 수 있을지 논의할 수 있기 때문이다. 기존의 해결 사례들을 살펴보지 않는다면 실패 사례를 답습할 수도 있다. 학생들은 인터넷 검색을 통해 기존 해결 사례들을 찾아볼 수 있다. 이때, 작년 선배들의 사례, 이웃한 학교의 사례를 보여 준다면 참고가 될 것이다.

"우리 팀에서 생각한 아이디어는 무엇인가요?"

기존의 해결 사례를 확인했다면 팀에서 생각한 아이디어를 브레인스토밍해 본다. 처음에는 최대한 많은 아이디어를 발산할 수 있도록 한다. 팀 구성원당 2개 이상의 아이디어를 발표하고, 유사한 것끼리 분류

할 수도 있다. 이때, 학생들에게 강조하는 것 중 하나는 문제-원인-해결책의 일관성을 반드시 고려하라는 것이다.

예를 들어, 급식 잔반이 많이 버려지는 문제를 설정한 팀에서는 이 문제의 원인을 학생들이 영양 교육을 제대로 받지 않은 것에 초점을 맞췄다. 그런데, 해결책으로 학생 대상 캠페인만을 선택했다면 팀이 정의한 문제를 제대로 해결하는 것일까? 물론, 학생 대상 캠페인도 급식 잔반 문제를 해결하는 데 도움이 될 것이다. 학생들이 문제 해결 과정에 참여한 것에 의미를 둘 수는 있지만 설정한 문제-초점을 맞추고자 했던 원인-해결책의 일관성은 지켜지지 않았다. 이는 생각보다 많은 학생들이 범하는 오류이다.

문제-원인-해결책의 일관성을 어느 정도 지킨 상태에서 아이디어들이 확보되었다면, 몇 가지 기준으로 해결책을 압축시킬 필요가 있다. 모든 아이디어들을 분석하기 전에 팀의 상황에 맞게 해결책의 범위를 정하는 일이기도 하다. 제한된 시간과 자원 그리고 역량 등을 고려하여 아이디어를 수렴해 보는 것이다. 아이디어들을 압축시키는 기준은 팀별 논의를 통해 정할 수 있다. 다음 그림에서는 3가지 기준(근본적인 해결, 실행 용이, 흥미로운 실행)을 예로 제시했다.

가급적이면 팀별로 기준을 설정하여 아이디어를 평가한 후 2~3개의 해결 아이디어로 압축시킨다.

질문을 순서대로 물으며 발산된 아이디어를 제거하는 방법을 사용해 봐도 좋다. 예를 들어, 10개의 아이디어 중 '이 해결책은 문제를 근

- 이 해결책은 문제를 근복적으로 해결하는 데 도움이 되나요?
- 이 해결책은 실행이 용이한가요?
- 이 해결책은 팀원들이 즐겁게 참여할 수 있게 하나요?
- 팀의 기준 :

팀별 기준을 통한 아이디어 압축

본적으로 해결하는 데 도움이 되나요?'라는 질문에 해당하지 않는 3개를 제거한다. 그리고 '이 해결책은 실행이 용이한가요?'라는 질문에 해당하지 않는 2개의 아이디어를 제거한다. 마지막으로 '이 해결책은 팀원들이 즐겁게 참여할 수 있나요?'라는 질문에 2개의 아이디어를 제거하면 최종적으로 3개의 아이디어가 남게 된다. 더 이상 제거하기 위한 질문이 없다면 최종적으로 3개의 아이디어가 구체적인 분석 대상이 된다.

"아이디어들은 어떤 강점과 약점이 있나요?"

팀별 기준에 의해서 2~3개 정도의 아이디어로 압축했다면, 좀 더 구

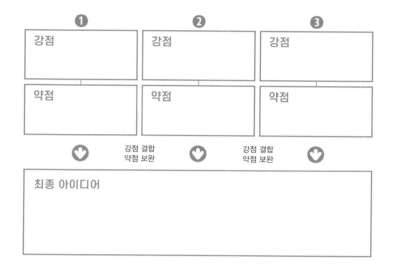

각 아이디어에 대한 강점, 약점 분석

체적으로 아이디어들을 분석한다. 아이디어를 분석하는 방법은 다양한데, 나는 주로 강점, 약점을 분석하도록 한다. 각 아이디어들 자체의 장점, 실행 과정에서 나타날 수 있는 장점, 혹은 한계, 어려움 등을 예측해보는 것이다. 강점과 약점에 대한 분석이 제대로 되지 않을 경우, 최종적으로 선택된 아이디어가 문제 해결에 효과적이지 못할 수도 있다.

보통 각 아이디어에 대한 강점과 약점을 분석한 후 강점이 매력적이거나 흥미로울 경우, 강점이 약점보다 많다고 판단한 경우, 약점을 감수하거나 극복할 수 있다고 생각할 경우에 해당 아이디어를 선택하게된다. 이때, 반드시 하나의 아이디어를 선택할 필요는 없다. 학생들은

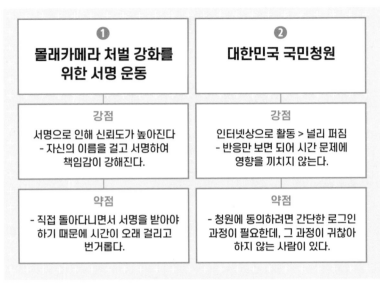

학생들의 강점, 약점 분석 사례

분석한 아이디어들의 강점을 취하고, 약점을 보완함으로써 아이디어들을 통합할 수도 있다.

강점과 약점도 세분화하여 분석하는 것이 좋다. 예를 들어, 장점과 단점을 분석할 때 문제 해결과의 적합성, 실행 과정의 효율성 등을 기준으로 삼을 수 있다. 세분화된 분석 기준이 없을 경우, 학생들은 주로 실행 과정의 효율성 측면에서 분석을 하는 경향이 있다.

위 그림의 사례를 보면 학생들이 강점, 약점 분석을 어떻게 하는지를 알 수 있다.

이 팀은 몰래카메라 근절을 위한 방법으로 '1.몰래카메라 처벌 강화를 위한 서명 운동'과 '2.대한민국 국민청원'이라는 아이디어를 분석했다. 언뜻 봐서는 중학생 수준에서 분석을 잘했다고 볼 수 있으나 자세히 보면 아쉬운 부분이 있다. 예를 들면, 서명 운동과 국민청원이 몰래카메라 문제를 해결하는 데 어떤 강점을 가지고 있는지가 분석되어 있지 않다. 서명 운동과 국민청원이라는 시민의 정치 참여 방법 그 자체의 강점을 분석한 것이다. 그렇다면 몰래카메라 문제와의 적합성은 어느 정도일까? 위의 분석은 꼭 몰래카메라 문제가 아니어도 적용될 수 있는 분석이 된다. 물론, 세부적인 분석 기준을 제공하면 학생들에게 부담을 줄 수 있다. 이미 강점과 약점을 따져 보는 것만으로도 낯선 경험이기 때문이다. 학생들에게 어느 정도의 분석을 요구할 것인지는 학생들의 수준과 상황에 따라 결정할 문제이다.

해결책을 도출하는 단계를 거친 학생들의 성찰을 소개해 본다.

"여러 기사를 읽고 해결 사례들을 찾아보니 성차별 문제를 해결하기 위해서 여러 사람들은 엄청 다양한 일을 하였다는 것을 알 수 있었다. 하지만 아직까지 성차별 인식을 하고 있고, 노력에 비해 크게 달라진 부분이 보이지 않고 있다. 그래서 우리 세대가 사회에 나가서 이 문제를 조금이라도 해결할 수 있었으면 좋겠다고 생각했다. 그리고 우리가 설정한 목표를 내가 찾은 방안들로 해결할 수 있었으면 좋겠다. 보완할 점은 공정하고 양성평등한 방법을 찾기 위해 조금 더 많은 사례를 찾아봐야 한다!"

"현재 문제 삼고 있는 것에 대한 해결책을 찾는 것이 어려운 일인 것 같다. 그리고 빠른 시간 안에 실행을 할 수 있는 해결책인지 등을 생각해 보니 나올 수 있는 것이 많이 없었던 듯하다. 우선은 현재의 해결책으로 생각하고 나중에 보완할 것이 있으면 보완해야겠다."

"몰래카메라 범죄를 근절하는 것이 생각보다 훨씬 더 어려운 일이고, 우리가 나서서 얼마나 변할지가 약간 두렵기도 하다. 그래도 끝까지 열심히 한다면 최소한 우리 학교, 아니 우리 반 친구들이라도 몰래카메라 범죄의 심각성에 대해 관심을 가질 수 있을 것이다. 그런 작은 변화로부터 우리 사회가 변해 간다고 생각하니 뿌듯하다."

"기존의 해결 방안이 좋았지만 효과가 많이 없었다는 것이 아쉽다. 우리에게 시간이 많이 없어서 큰일은 하지 못하지만 캠페인과 같은 작은 일을 해서 우리 학교 학생들에게라도 이 일에 대한 심각성을 알리고 싶다. 시간이 조금 부족해 촉박하게 할 수밖에 없는 부분이 아쉽다."

"자료 조사의 중요함을 배우게 됐다. 친구들이랑 많은 아이디어를 주고받으니까 더 좋은 아이디어를 만들게 되었고 나 혼자 아이디어를 생각하는 것보다 친구들이랑 하니까 각자 다른 입장과 생각이 있어서 여러 방면에서 생각하기가 좋았다."

"학생들에게 몰래카메라 범죄에 대한 인식을 어떻게 심어 줄지 고민을 많이 했던 것 같다. 보통 자기는 몰래카메라를 안 당할 거라고 생각하지만, 누가 언제 어디서 당할지는 아무도 모르는 일이다. 그리고 기존에 있던 해결 방안을 작성하기 위해 조사를 했었는데, 그것을 통해 새로 알게 된 것이 있다. 바로 FAST TRACK(촬영물을 즉시 삭제) 피해자의 요청이 있으면 3일 이

내에 방송통신심의위원회의 긴급 심의를 거쳐 불법 촬영물을 삭제 차단하는 것과 여성 인권 진흥원에서 'SOS 누르미' 스티커를 제작해, 약 1만 부를 대학 등에 배부하였던 것 등을 알게 되었다."

"이 문제는 사회 전체에 해당되는 문제라서 우리가 움직인다고 쉽게 해결되지 않을 문제인 것 같다. 그렇지만 우리의 움직임이 다른 누군가에게는 힘이 되고 나비효과가 되어 나중에는 꼭 청소년 참정권을 얻어 낼 수 있을 것이라고 생각한다. 흑인의 권리는 흑인이, 여성의 권리는 여성이 찾았으니 우리 청소년들의 권리는 우리가 직접 찾아야 한다는 것을 깨닫게 되었다. 아직 사회에는 청소년을 미성숙하고 부정적인 존재로 보는 사람들이 많다는 것을 알게 되었다. 이런 사회적 편견이 빨리 없어졌으면 좋겠다. 마지막까지 방향을 잃지 말고 이 프로젝트를 잘 완주할 수 있었으면 좋겠다."

실행하기 팀의 해결책을 선정했다면 이제 실행에 옮길 차례이다. 학생들은 실행을 앞두고 부담을 느낄 수 있겠지만, 일단 실행이 시작되면 학생들에게 가장 즐겁고 기억나는 단계가 된다. 체인지메이커들이 프로젝트를 구상만 하고 행동하지 않는다면 실제로 아무것도 하지 않은 것과 같다. 그만큼 실행하기는 전체 과정 중 가장 의미 있고 재미있는 단계이다. 실행하기 단계라고 해서 앞의 단계에서 도출한 해결책을 행동에 옮기기만 하는 것은 아니다.

'우리 팀이 선택한 아이디어는 무엇인가요?
구체적인 전략과 실행 계획은 무엇인가요?'

행동을 하기 위해서는 계획과 전략이 필요하다. 어떤 행동을 누구와, 언제, 어디서 할 것인지, 팀은 어떤 준비를 할 것인지를 계획해야 한다. 또한, 앞 단계에서 도출한 해결책에 대해 보다 구체적인 전략을 세워야 한다. 예를 들어, 앞 단계에서 급식 잔반 문제에 대한 해결책으로 '학생들에게 교육을 실시한다.'가 도출되었다면 어떤 방식으로 교육을 실시할 것인지에 대한 다양한 전략이 세워질 수 있다. 유튜브 방송을 제작하여 학교 SNS 계정에 공유할 수도 있고, 점심시간 학생 식당 앞에서 퀴즈를 낼 수도 있다. 맞춘 학생들에게는 보상을 주는 전략을 사용할 수도 있다.

물론, 앞 단계에서 이미 구체적인 수준의 해결책이 도출되었을 수도

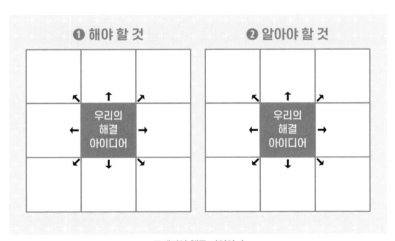

구체적인 행동 나열하기

있다. 해결책을 구체화하는 활동을 앞 단계에 넣을 수도 있고, 실행 계획 세우기 전에 진행할 수도 있다. 이는 학생들의 상황에 따라 선생님이 판단하는 것이 좋다. 단계가 지나치게 세분화되면 학생들이 활동을 어려워할 수 있다는 것을 고려해야 한다.

구체적인 전략을 세우는 방법이 다양하지만 앞의 그림과 같은 연꽃 기법을 사용하는 것도 좋은 방법이다. 이 방법은 브레인스토밍과 유사하다. 중심에 주요 아이디어를 두고 그 주변에 구체적인 내용을 작성하는 것이다. 그 주변에 작성된 것들도 9등분으로 칸을 나누면 보다 세부적인 아이디어를 만들어 낼 수 있다. 이는 학생들의 수준에 따라 활동의 깊이를 정하는 것이 좋다.

학생들이 작성해야 할 것은 '구체적으로 해야 할 것'과 '알아야 할 것'이 있다. 해야 할 것은 해결책을 실행하기 위해 해야 하는 구체적인 행동이다. 급식 잔반 문제를 해결하기 위해 학생들에게 온라인 교육을 실시하기로 했다면 '영상 제작 내용 준비하기', '영상 촬영하기', '대본 쓰기', '영상 편집하기', '학교 SNS 계정에 올리기' 등을 해야 할 것이다. 또한, 알아야 할 것도 실행 계획에 반영할 수 있다. 급식 잔반 문제와 관련하여 교육하기로 했다면 내용을 구성하기 위해서 알아야 할 것들을 조사해야 한다. 예를 들어, '급식 잔반이 환경에 미치는 영향', '학교 예산에 미치는 영향', '개인 건강에 미치는 영향' 등이 있을 수 있다. 만약, 문제 발견과 정의하기 단계에서 이미 확보한 자료들이라면 실행을 위해 잘 정리만 하면 될 것이다. 나열된 아이디어들은 팀별 논의를 통해 필요한 것들을 선택하고 우선순위에 따라 배열하는 것이 좋다.

오른쪽 학생 사례는 몰래 카메라 문제를 해결하기 위해 행동해야 할 것들을 구체화한 것이다. 국민청원을 올리기에 앞서 국민청원에 관련 글이 게시되어 있는지, 주변 사람들이 생각하

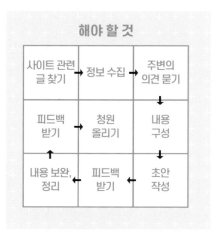

학생의 구체적인 행동 나열하기 사례

는 내용은 무엇인지를 조사한 후 내용을 구성했다. 내용을 구성한 후에도 선생님과 부모님에게 피드백을 받아서 내용을 수정한 후 국민청원을 올렸다.

학생들이 작성한 글의 완성도는 다소 낮을 수 있다. 그러나 국민청원에 글을 올리는 행위가 생각하는 바를 바로 게시하는 것이 아니라 철저한 준비를 통해서 이뤄지는 것임을 실천한 사례라 볼 수 있다.

해야 할 것들이 정해졌다면 우선순위를 고려하여 구체적인 일정표를 작성한다. 일정표에는 누가, 언제, 무엇을, 어떻게 할 것인지 등을 담을 수 있다. 앞에서 나열한 구체적인 행동들도 주어진 시간 안에서 해야 하기 때문에 일정을 잘 세워야 한다. 경우에 따라 팀원들 간 시간을 맞추기 어려울 때는 해야 할 행동을 축소하거나 생략하기도 한다. 체인

지메이커 프로젝트 활동이 수업 시간에 이뤄질 경우, 이런 현상이 자주 나타난다. 따라서 실행 계획을 구체화하면서 팀이 지닌 자원이 무엇인지를 파악해 보고, 시간과 예산 등의 주어진 자원 안에서 할 수 있는 것과 추가적으로 자원을 확보해야만 할 수 있는 것을 고려하여 계획을 수정, 보완한다.

'다른 사람들의 반응은 어떠한가요?'

팀의 실행 계획이 정해졌다면 실제 행동하기에 앞서 다른 사람들에게 설명해 보도록 한다. 제 3자의 반응을 살피는 것이다. 팀에게는 최선의 실행 계획이라고 생각되더라도 제 3자의 눈에는 궁금하거나 아쉬운 부분들이 보일 수 있다. 실행 계획만 설명하는 것이 아니라 모의실행을 통해서 사람들의 반응을 살필 수도 있다. 중요한 것은 타인의

순번	할 일	담당	기간
1	사이트 관련 글 찾기	이○○ 김○○	6.14 ~ 6.20
2	정보 수집 및 주변 의견 묻기	이○○ 박○○	6.16 ~ 6.29
3	내용 구성하기 및 초안 작성	모두	6.19
4	피드백 및 내용 보와, 정리	이○○ 김○○	6.20
5	청원 올리기	박○○	6.20

학생 사례

- 계획적으로 활동하기 때문에 실패 확률이 적어 좋은 결과가 있을 것 같다.

- 많은 대중들이 청원을 보고 동참하고 공감할 것 같다.

- '대한민국 청와대' 사이트에 올릴 청원을 더 보충하고, 보완했으면 좋겠다.

- 글의 내용이 너무 어렵지 않게 표현되어야 할 것 같다.

반응을 통해서 팀의 실행을 수정·보완함으로써 성공 확률을 높이는 것이다.

앞의 학생 사례를 살펴보면 국민청원 실행 계획과 구체적인 내용을 친구들과 부모님에게 설명하고 피드백을 받았다. 대체로 긍정적인 피드백이지만 수정을 요구하는 피드백도 있다. 예를 들어 '글의 내용이 멀게 느껴지지 않도록 쓰면 좋겠다'는 피드백은 실제 국민청원이 청소년 독자들에게도 공감을 얻기 위해 반영해야 할 내용일 것이다.

피드백을 반영한 후 팀은 계획대로 실행한다. 수업 시간에 이뤄지는 체인지메이커 프로젝트의 경우에는 실행의 범위, 규모를 중요하게 생각하지 않는다. 물론, 대규모로 실행해 보면 좋겠지만 선생님 입장에서는 개별 팀마다 세밀하게 피드백을 제공하기 어렵다. 또한, 학생들 입장에서도 시간, 예산, 사람 등의 한계가 존재한다. 그래서 학생들에게는 학년 단위도 좋고, 학급 단위도 좋고, 안 된다면 3명 이상에게 계획을 실행해 보라고 한다.

앞서 언급한 바와 같이 수업 시간에 이뤄지는 프로젝트는 지금까지 학습하고, 분석하고, 논의한 것들을 실제 행동해 보는 것, 체인지메이커로서의 보람과 어려움을 경험하는 것에 의의가 있다.

따라서 실행 중 나타나는 과정을 잘 살펴보아야 한다. 실행이 어떤 모습으로 나타나는지, 다른 사람들의 반응은 어떤지, 그 결과는 어떤지를 파악해 보는 것이다. 이에 대해서는 다음 단계인 성찰 및 공유하기에서 설명할 것이다.

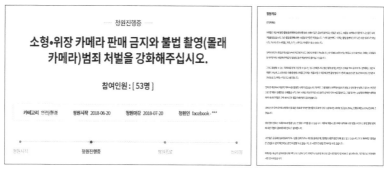

몰래카메라 불법 촬영에 관한 국민청원(학생 사례)

실행하기 단계를 거치고 난 후의 학생들이 성찰한 내용을 살펴보자.

"이 단계를 마친 후 해결 방안이 나왔고 이를 실천하기 위한 구체적인 계획
이 나왔으므로 '아, 이제 우리가 드디어 무언가를 직접 실행하는구나' 라고
실감이 난다. 직접 해결 방안을 우리가 실천을 해 봄으로써 나중에 어떠한
프로젝트에서 해결 방안을 직접 실천할 때도 두렵거나 긴장되거나 그러지
않고 수월히 해 줄 수 있게 도와줄 것 같다."

"구체적인 해결 방안과 계획을 세워 보면서 이 해결 방안이 우리의 목표를
이루기 위해 얼마나 중요한지를 알았고, 전단지를 구성하면서 우리도 우리
의 문제에 대해 다시 한번 돌아볼 수 있게 되었다. 사회에서 논란이 되기도
하고 갈등이 일어나기도 하는 부분이라 망설여지기도 했지만 앞으로를 생
각하면 우리가 사회의 문제 해결에 기여를 한 것 같아 뿌듯하다. 단계를 수
행해 가며 하나씩 해결할 때마다 점점 목표에 가까워져서 좋다."

"내가 이 프로젝트를 시작할 때만 해도 '이 문제는 내가 해결할 수 없는 문제'라고 생각하고 열심히만 해 보자'였는데 회를 거듭하면 거듭할수록 이 문제에 대한 해결책들이 나오면서 정말로 이 문제를 해결하고 싶다는 생각이 들었다. 우리 모둠은 코르셋 문제에 대해 문제 해결 방법을 생각해 보았는데 이 문제를 생각하면서 일단 나부터 바뀌어야겠다고 생각했다. 그래서 렌즈를 빼고 안경을 쓰고, 화장을 안 하고, 다이어트를 그만두고 이렇게 내가 불필요하다고 생각한 것들을 하나둘씩 지워 나가니 정말 이 코르셋의 문제를 더욱 심각하게 받아들일 수 있었다. 그리고 이 문제를 많은 사람들에게도 알리고 싶어졌다."

"이 단계를 마치고 나서 우리 팀의 전략에 대해 되돌아보게 되었다. 그리고 꽤 많은 아이들이 몰래카메라의 심각성을 몰랐구나 하는 생각이 들었고 우리로 인해 몰래카메라의 심각성을 깨닫는 아이들이 많아서 보람차기도 했다. 벽보를 만들면서도 조금 어려웠지만 아이들이 봐 줘서 좋았다. 그리고 SNS에 벽보는 조금 늦게 올렸는데 만약 나중에 다시 하면 벽보를 조금 더 일찍 올렸으면 한다. 그리고 뜻깊었다."

성찰&공유하기 성찰하기 단계에서는 팀별 실행의 효과를 살펴보고, 보완할 점을 살펴본다. 개별 성찰이 아닌 팀별 성찰이다. 문제 정의하기 단계에서 세웠던 목표를 얼마나 실현했는지, 부족하다면 무엇을 보완해야 하는지 등을 살펴본다. 앞에서 설명한 바와 같이 학생들은 팀의 실행 과정을 잘 관찰하고, 사람들의 반응과 효과 등을 미리 수집해야 한다. 가능하다면 인터뷰나 설문 조사와 같은 방법을 활용할 수 있다. 예를 들어, 문제와 관련된 사람들의 상황은 얼마나 나아졌는지, 사람들의 인식은 얼마나 개선되었는지 등의 정보를 수집할 수 있다. 또한, 통계 자료를 수집할 수도 있다. 급식 잔반을 줄이고자 했다면 실제로 얼마나 줄었는지를 수치로 파악할 수 있다.

체인지메이커 프로젝트는 문제 해결 활동의 경험을 넘어 실제 문제 해결을 위한 활동이다. 따라서 짧은 기간이지만 자신들의 활동이 일상 생활에 긍정적인 영향을 미치도록 연결해야 한다. 체인지메이커 프로젝트 활동은 단순히 '행동했다'가 아니라 '변화를 만들었다'로 나아가는 활동이다. 체인지메이커 프로젝트의 모든 단계마다 활동에 대한 성찰과 평가가 있는 것도 실제 변화를 만들기 위한 노력인 것이다.

팀의 실행 결과를 분석했다면 부족한 부분을 어떻게 보완할 것인지, 앞으로 프로젝트를 어떻게 진행할 것인지를 논의한다. 만약, 현재 단계에서 나타난 문제점이 앞 단계의 잘못된 분석과 실행 때문이라면 새로운 행동을 계획할 것이 아니라 앞 단계를 수정하는 것이 보완책이 될 수 있다.

대부분의 학생들은 수업 중에 체인지메이커 프로젝트 활동을 마무리할 것이다. 그러나 수업이라는 제한된 시간과 공간을 넘어 수업이 끝나고도 자신들이 진행한 프로젝트를 지속한다면 어떤 부분을 보완할 수 있을지를 분석해 보도록 한다.

팀별 성찰 활동까지 마무리가 되었다면 학급 혹은 학년 단위의 공유를 준비한다. 보통 각 단계별 활동을 파워포인트에 정리하도록 하기 때문에 공유를 위해 별도의 자료를 만들 필요는 없다. 다만, 학생들 앞에서 팀이 그동안 활동한 과정과 결과를 잘 전달하기 위해 전체 내용을 정리하는 시간을 갖는다. 일종의 스토리텔링(Storytelling)이 되도록 내용을 구성해 보는 것이다. 학생들의 수준에 따라 스토리텔링의 정도도 달라질 것이다. 다만, 팀의 활동 과정을 잘 모르는 동료 학생들은 팀의 이야기를 듣고 활동을 평가할 수도 있다는 점, 동료 학생들도 프로젝트 활동을 돕는 지원자가 될 수 있다는 점, 즉, 공유 자체가 일종의 캠페인이 될 수 있다는 점을 이해할 필요가 있다.

강연 형태로 대중 앞에서 발표하는 것이 가장 일반적인 공유 형태이지만 다양한 방식을 취하도록 한다. 팀별로 연극을 할 수도 있고, 영상을 선택할 수도 있다. 가장 효과적인 공유 방식을 선택하되 팀의 체인지메이커 활동 여정을 잘 드러낼 수 있도록 한다.

팀별로 발표가 진행되는 동안 청중들은 팀의 체인지메이커 활동에 대한 피드백과 소감 등을 작성한다. 약 3주간 활동을 진행하면서 이 활동에 대한 공감대가 어느 정도 형성되었을 것이다. 다른 팀이 잘한 부분, 아쉬운 부분, 동참하고 싶은 활동, 그렇지 않은 활동 등을 파악해 보도록 한다. 이때, 다른 팀의 발표를 듣고 질의응답도 진행한다.

선생님은 팀별 발표를 들으면서 최종적인 평가를 한다. 그동안 팀별로 피드백을 제공했기 때문에 학생들이 이를 잘 반영했는지를 확인하고, 부족한 부분들을 작성해 둔다. 이 내용들은 프로젝트 공유가 끝난 후 각 팀별로 피드백을 할 때 활용된다.

성찰과 공유 등의 모든 과정을 마친 후 작성한 학생들의 성찰 내용을

공유하기 단계의 활동 장면

소개해 본다.

"시작할 때는 원하던 취지와 달리 중간에 목표가 바뀌어서 감을 잡는 데 약
간 힘들었지만, 어쩌면 환경오염과 관련지어서 잔반 문제에 대해서 프로
젝트를 한 것이 나에게는 더 도움이 된 것 같다. 환경오염은 끝없이 발생하
고 있고 환경을 회복시키기 위하여 노력하는 사람들보다 망가뜨리는 사람
이 훨씬 많다는 현실을 직시하게 되었고, 나 하나쯤이야 하는 생각이 모여
환경에게 큰 아픔들을 주고 있다는 사실을 깨닫게 되었다. 이에, 나는 프로
젝트가 끝난 이후에도 잔반을 줄이기 위해서 할 수 있다면 지속적으로 캠
페인을 할 의향이 생겨났고 우리 학교에서의 잔반 문제가 단순히 맛이 없

어서가 아닌 영양사 선생님과 학생간의 소통으로 인한 문제라는 것을 알게되었다. 이번 프로젝트는 어떤 수행보다 더욱더 여러 가지 면에서 힘들고어려웠던 점이 많았는데 그만큼 나에게 큰 깨달음을 준 것 같다. 중간중간에 피드백을 많이 받지 못한 점이 너무나도 아쉽지만 그래도 무사히 프로젝트를 잘 마무리한 것 같아서 뿌듯하다."

"프로젝트를 만드는 것이 끝나고 이제 반 친구들에게 발표하는 일만 남았는데 후련하기도 하고 친구들이 몰랐던 사실들을 우리가 직접 홍보하고 알려 주는 기회였던 것 같아 뿌듯하다. 그리고 프로젝트 하느라 바빴을 텐데열심히 참여해 준 친구들에게도 감동했다. 나도 학교에서 이렇게 다양한 성차별들이 있었다는 것을 알아 갔고 우리가 홍보했던 청원이 꼭 이뤄졌으면좋겠다고 생각했다. 우리가 홍보한 것이 다른 학생들에게도 일상생활은 물론 우리처럼 인권 침해, 성차별에 관한 다른 수행평가를 할 때 우리의 의견과 근거들이 도움이 되었으면 좋겠다! 우리 모둠 친구들도 다 같이 프로젝트를 하느라 수고를 많이 한 것 같다. 다툼 없이 프로젝트가 마무리되어 더기분이 좋다."

"사실 모든 일에는 첫 단추를 잘 채우는 것이 중요하다는 말이 있다. 이 사회 프로젝트를 통해 그 말을 뼈저리게 느낄 수 있었던 것 같다. 1단계 문제정의하기에서 진짜 이 문제가 어떤 심각성을 나타내고 있으며 그로 인해피해를 받는 사례에는 어떤 것이 있는지 등을 찾는 것이 힘들었다. 그렇지만 뒤로 갈수록 우리는 어떻게 하면 좋은 방향으로 갈 수 있을지 의견도 서로 많이 내게 되었고, 점점 하나가 되어 가고 있는 것 같다는 생각이 들었다. 그래도 이 모든 프로젝트를 총괄해 준 ○○이가 정말 수고하지 않았나생각한다. 처음 이 주제를 가장 공감하고 잘 이해했던 친구가 ○○이어서열심히 회의를 이끌어 가기도 하고, 의견도 정말 잘 내 주었던 것 같다. ○○

이 덕분에 우리가 모든 일을 잘 헤쳐 나갈 수 있었던 것 같아서 고마운 마음을 표현하고 싶다. 이 장기간 프로젝트를 통해서 내가 배울 수 있는 점은 꽤 많았던 것 같다. 같은 주제여도 여러 가지의 관점으로 생각할 수 있고, 그것 또한 내가 인정해야 하는 일리가 있는 말이었기에 더욱 귀 기울여서 들을 수 있었다. 비록 오랫동안 어려워하며 지금까지 왔지만 우리의 프로젝트가 성공적으로 마무리된 것 같아서 기분이 좋다!!"

"마지막에 성찰을 통해 우리가 했던 활동을 정리해 보고 학생들의 반응을 비교해 보니 처음에 나왔던 반응이 단순히 처벌이 너무 적다/ 안심할 수 없다/수치심이 든다. 심각한 문제다 등의 추상적인 내용이라면 현재 반응을 조사한 결과 처벌을 더 늘리고 재범을 막아야 한다. 불법 사이트의 단속이나 공공 화장실 단속반을 더 늘려야 한다. 등의 구체적인 의견들이 늘어 놀랐다. 또한 SNS 조사 결과 대부분의 여성들이 현재 몰래카메라 범죄의 심각성을 인지하고 그 처벌에 대해 불만을 느끼고 있었다. 결과적으로는 여성들이 몰래카메라 범죄의 심각성을 인지하는 순간 여성이 직접 참여하여 이러한 범죄를 근절해야 한다는 인식이 굉장히 높아지는 것이다. 또한 몰래카메라 범죄는 결국 여성 차별과 이어지며, 최근 우리 사회를 달구었던 홍대 누드남 사건의 범인 검거 속도와 일반 여성 몰래카메라 범인의 검거 속도의 차이, 여성을 대상으로 한 몰카가 공공연하게 유포되고 각종 예능에서도 '몰래카메라'라는 단어를 쉽게 찾아보고 웃음의 소재로 삼는 만큼 우리 사회의 여성 차별적 인식을 더 키우고 있다는 것도 알 수 있었다. 이번 프로젝트를 통해 학생들에게 몰래카메라 범죄의 심각성에 대한 인식을 키우고 학생들의 관심을 유도하였다면, 다음 프로젝트에서는 학생들이 직접 참여할 수 있는 방안과 직접적인 여성 인권과의 관계를 다루어 보고 싶다."

"사회 프로젝트가 끝났는데, 뭔가 후련하다기보다는 시간상의 문제로 더 넓은 범위의 목표가 아닌 규모가 좀 작은 목표를 세운 게 아쉬웠다. 다음에 또 이런 기회가 된다면 지금보다는 좀 더 큰 변화를 이룰 수 있는 목표를 세워 보고 싶다. 그리고 나 또한 불법 촬영에 대해서 많이 알고 있다고 생각했지만, 아직 내가 모르는 부분들이 많았고 더 많은 점들을 배워 갈 수 있었기에 뿌듯했다. 처음에 학생들에게 물어봤을 때와 마지막에 모의실행 후 학생들의 반응을 비교해 보니, 구체적이지 않고 포괄적이었던 처음 답변들과는 달리, 구체적인 해결 방안과 본인들이 생각하는 문제점과 원인 등을 제시하는 마지막 답변들이 인상적이었다. 처음엔 캠페인은 성과가 눈에 잘 띄지 않는 방법이라고 생각했었는데, 막상 인터뷰를 해 보니 꼭 그렇지만도 않은 것 같았다. 우리 조의 장점 중 하나였던 약 450명을 대상으로 한 SNS 설문 조사에서도 불법 촬영의 심각성을 인지하고 있는 여성들은 대부분 서술형 답변에도 본인들이 가지고 있는 생각들을 잘 말해서 우리 모둠이 조금 더 수월하게 진행될 수 있었던 것 같다. 우리 사회에서는 불법 촬영을 심각하지 않게 생각하여 여성들은 고통받고 있는 불법 촬영 상황들을 개그 코드로 사용하여 방송 혹은 본인의 영상 콘텐츠에 올리는 경우가 많은데, 이는 곧 여성 혐오(여성의 인권 하락)와도 이어지는 것이라서, 다음에 또 이런 기회가 있다면 불법 촬영과 여성 인권 및 여성 혐오 범죄와도 연결시켜서 조사해 보고 싶다."

1단계 **문제 발견하기**

핵심 질문 **문제는 어떻게 나타나고 있나요?**

필수 사항 1-1. 문제는 어떻게 나타나고 있나요? (현상, 사실 등)

1-1-1 현재 어떤 상황인가요?

1-1-2 이 문제와 관련된 사람들은 어떤 어려움을 겪고 있나요? 혹은 문제가 얼마나 심각한가요? (인터뷰, 설문 조사, 인터넷 검색 출처 등)

1-2. 이 문제가 지속되면 어떤 문제가 발생하나요?

1-3. 팀원들이 이 문제를 선택한 이유는 무엇인가요? 왜 해결해 보고 싶나요?

1-4. 다른 팀 친구들은 우리의 문제에 대해 어떤 반응을 보였나요?

문제 발견하기 단계의 질문들

1단계 **문제 발견하기**

활동 방법 **자신이 이 문제를 해결해야 하는 이유를 발견하기**
타인도 이 문제 해결이 중요하다고 느낄 수 있도록 설명하기
(공감 인터뷰, 인터넷 검색, 서적과 영상 활용)

함께 살펴보아야 할 내용

- 자신의 생각 나누기
- 인터뷰 대상 선정하기, 질문 만들기
- 조사한 자료 공유하기
- 문제 상황에 대해 정리하기
- 그 밖의 해야 할 내용 논의하기

문제 발견을 위한 팁 안내

2단계 **문제 정의하기(Define)**

핵심 질문 **팀의 목표는 무엇인가요?**

필수 사항 2-1. 문제의 구체적인 원인은 무엇인가요?

2-2. 우리 팀이 도달하고자 하는 목표는 무엇인가요?

2-2-1 우리 팀이 해결하고자 하는 구체적인 문제는 무엇인가요?

2-2-2 팀의 잠정적인 목표인가요?

문제 정의하기 단계의 핵심 질문

3단계	**해결책 도출하기**

핵심 질문 **어떤 해결책이 있나요?**

필수 사항
3-1. 기존의 해결 사례/아이디어는 무엇인가요?(인터넷 검색)
3-2. 우리 팀에서 생각한 아이디어는 무엇인가요?(2~3가지 소개)
3-3. 아이디어들은 어떤 강점과 약점이 있나요?

해결책 도출하기 단계의 핵심 질문

4단계	**실행하기**

핵심 질문 **어떻게 실행할 것인가요?**

필수 사항
4-1. 우리 팀이 선택한 아이디어는 무엇인가요?
– 구체적인 전략과 실행 계획은 무엇인가요?
4-2. 팀의 전략에 대해 다른 사람들의 반응은 어떠한가요?
4-3. 다른 사람들의 반응을 반영한 후 팀의 전략은 어떻게 달라졌나요?
4-4. 실제 실행은 어떻게 나타났나요?

실행하기 단계의 주요 질문들

5단계	**성찰하기**

핵심 질문 **무엇을 보완해야 하나요?**

필수 사항
5-1. 팀의 실행에 대해 사람들은 어떤 반응이었나요?
– 효과는 무엇인가요? 구체적인 반응을 기록하기 / 인터뷰, 설문 조사 등
5-2. 팀은 어떻게 보완할 예정인가요?

성찰&공유하기 단계의 주요 질문

8. 자신의 성장을 확인하고
새로운 시작을 다짐하는 '나오기'

마무리 활동

한 학기 동안 열심히 체인지메이커 교육에 참여한 학생들은 마무리 이자 새로운 시작에 해당하는 '나오기' 활동을 하게 된다. '나오기'는 한 학기 활동을 마무리하는 것이지, 체인지메이커 교육의 종료를 의미 하는 것은 아니다. 이 단계에는 세 가지 활동이 포함된다.

종합논술

첫 번째, 전 과정의 활동들을 얼마나 내면화하였는지를 확인하는 종 합논술이다. 논술 평가를 하는 이유는 앞에서 설명한 대로 전 과정의 활동을 내면화하였는지를 평가하는 데 있어, 논술이란 형태가 가장 적

구분	단원명	문제상황	목표
9-1	인권과 헌법	전 세계적으로 ME TOO 운동이 진행되고 있다. 인터넷을 찾아보니 '여성들이 겪고 있는 성폭력, 여성 혐오 등을 공개적으로 밝혀서 문제를 해결하고자 하는 움직임'이라고 한다. 같은 여성으로서 ME TOO 운동을 지지한다. 여성혐오, 성폭력 등의 원인이 여러가지 있겠지만 장덕여중 인권위원회에서는 인권 의식이 부족하다고 판단하였다. 청소년 시기부터 인권에 대해서 잘 알아야 자신의 인권은 물론이고 다른 사람의 인권을 보호할 수 있다는 것이다. 인권위원인 나는 우리가 지니고 있는 '인권'을 알리는 포스터를 제작하여 학교 게시판에 홍보하기로 하였다.	인권의 의미와 중요성, 헌법과의 관계를 이해하고, 일상생활에서 자신이 누리고 있는 인권을 표현할 수 있다.
9-2	인권침해와 보장	나는 주말에 고등학교에 다니는 사촌언니를 만났다. 언니와 이런저런 얘기를 하다가 학교 얘기가 나왔다. 우리학교는 교실은 물론이고, 학교 모든 곳에서 디지털기기를 사용할 수 있다고 자랑했다. 말을 마치자마자 언니가 말한다. 수업시간에 디지털기기는 물론이고 점심시간에 스마트폰이라도 사용하면 좋겠다는 것이다. 언니가 다니는 학교에서는 스마트폰을 아침에 걷어서 하교할 때 돌려준다고 했다. '가방에 넣어놓고 수업시간에 사용하지 말아라'가 아니라고 한다. 한번은 집에 두고 온 물건이 있어서 급하게 연락을 해야 하는데, 교무실에 가서 전화를 하는 것이 불편해서 결국 연락을 하지 못했다는 것이다. 언니의 학생회에서는 여러 차례 건의를 해봤지만 소용이 없었다고 한다. 언니는 학교가 불만이지만 참는 것 말고 방법이 있겠냐며 한탄을 했다. 나는 언니에게 조언을 해주고 싶었지만 마땅히 어떤 말을 해줘야 할 지 생각이 나지 않았다. 만약 내가 언니였다면 어떻게 했을까?	일상생활에서 경험하는 인권침해를 발견하고, 인권을 보장하는 방법을 실천할 수 있다.

합하기 때문이다. 학생들이 내용을 얼마나 암기하고 있는가의 여부를 떠나서 얼마나 이해하고 적용해 봤는지 판단하는 데 글쓰기의 형태가 가장 효과적이라고 생각한다.

평가 문제는 학생들이 그동안 활동했던 내용과 관련하여 만들어진다. 문제 상황, 이해 활동, 적용 활동, 프로젝트 활동 등이 모두 포함된다. 선생님은 학기 초에 제시된 계획을 근거로 수정·보완하여 문제를 최종적으로 만들고, 학생들은 그 근거를 토대로 평가를 준비한다. 처음 경험하는 학생들은 이러한 방식의 평가를 어렵게 생각한다. 그러한

-이해활동평가질문-적용활동과제-정기고사문제

이해활동 학습질문	이해활동 평가질문	적용활동
1. 인권은 무엇이고 왜 중요한가요? 2. 헌법에서 보장하는 인권(기본권)에는 무엇이 있나요?	1. 하나. 인권이란 무엇이며 우리나라 헌법에서는 어떤 인권(기본권)을 보장하고 있는지를 자신이 누리고 있는 기본권을 예를 들어 설명해보세요.	인권 포스터로 우리가 누리고 있는 인권을 표현해 주세요. 1. 인권은 'OO'이다. - 인권을 사물에 비유하여 표현해봅시다. - 예시: 소식 게시글 참고 - 필수포함사항: 인권을 비유한 이유를 제시할 것
3. 인권은 어떠한 경우에 제한되나요? 예를 들면?	둘. 나의 인권(기본권)은 어떠한 경우에 제한되는지를 말하고 각각에 대해 예를 들어 설명해주세요.	2. 우리가 누려야 하는 기본권 - 272페이지 헌법 제10조~39조를 참고하여 청소년들이 꼭 알아야 하는 헌법조항을 선택하고, 그 조항으로 인해 우리가 일상생활에서 누릴 수 있는 구체적인 권리를 제시할 것 - 예시: 소식 게시글 참고
1. 일상생활의 대표적인 인권침해 사례들은 무엇이고 어떻게 나타나고 있나요?	1. 인권침해란 무엇일까요? 예를 들어 설명해보세요.	일상생활에서 침해된 인권을 구제받기 위하여 어떤 수단을 사용할 수 있을까요? 여러분이 직접 경험하거나 관찰한 인권침해에 대하여 국가인권위원회에 진정 신청을 하려고 합니다. 다음 조건을 참고하여 진정서를 작성해주세요. 여러분은 과제방에 게시글로 작성합니다. *참고: https://goo.gl/CAvpuX (국가인권위원회 진정접수)
2. 국가로부터 침해된 인권을 구제하기 위한 기관은 무엇이고 어떤 일을 하고 있을까? (헌법재판소와 국가인권위원회를 중심으로)	2. 헌법재판소와 국가인권위원회의 공통점과 차이점은 무엇인가요? 인권구제와 관련하여 두 기관의 특징을 비교해주세요.	1. 자신이 경험/관찰한 인권침해 사례에 대한 설명 2. 무엇이 문제인지에 대한 설명(헌법 조항에 근거해서 설명할 것) *참고는 교과서 272~274쪽 혹은 https://goo.gl/HMWKHM

학생들이 단원별로 활동한 핵심 내용 정리

어려움은 낯설음에서 오는 것일지도 모른다. 그동안의 체인지메이커 활동에 대한 평가는 문제집을 통해 준비할 수 있는 것이 아니기 때문이다.

논술 평가는 관련 내용을 얼마나 이해하고 있고, 논리적으로 표현하고 있는지가 주요 기준으로 제시된다. 한 일간지는 이를 두고, '정답 없는 문제'라고 표현하였으나 실제로는 정답이 존재한다. 내용의 이해 여부, 논리적인 표현 여부를 판단하기 때문이다.

'정답 없는 문제' 출제하는 시험 아세요?

[한겨레] [함께하는 교육] 학교 평가의 새바람 '학교 주변의 흡연시설로 인해 학생들이 간접흡연 피해를 겪고 있다. 흡연시설을 설치한 기업은 관련 법규를

news.naver.com

4-2. 학교 주변의 흡연시설로 인하여 학생들이 간접흡연의 피해를 겪고 있다. 흡연시설을 설치한 기업에서는 관련 법규를 위반하지 않았다며 문제해결에 소극적이다. 도심 지역의 많은 학교들이 이와 같은 문제를 겪고 있다. 이와 관련하여 당신은 간접흡연 예방 정책 마련을 위한 프로젝트를 실시하고자 한다. **시민의 정치참여 방법을 활용한** 프로젝트 활동 계획을 제시하시오(2점).

<참고>

서울특별시 간접흡연 피해방지조례

제5조(금연구역의 지정 등) 절대정화구역: 학교출입문으로부터 직선거리로 50m까지인 지역
제7조(금연구역 표시) 시장은 금연구역을 지정한 경우에 시민이 잘 알 수 있는 장소에 금연구역 안내 표지판을 설치하여야 한다. 이 경우 금연구역의 경계를 명확히 구분하여 표시하여야 한다.

※위 조항은 평가문항을 위해 편집되었음

※ 유의사항

작성 조건	■시민의 정치참여방법을 구체적으로 설명할 것 ■프로젝트 활동은 정책결정과 집행에 영향을 미칠 수 있도록 계획할 것	
부분 점수	시민의 정치참여 방법을 구체적으로 설명하였음	1점
	정책결정과 집행에 영향을 미치는 방법을 논리적으로 설명하였음	1점

종합논술 평가 문제

수업에 대한 평가

'나오기' 단계의 두 번째 활동은 선생님의 수업, 학생들의 학습에 대해 평가를 하는 것이다. 선생님이 의도했던 것, 목표했던 것이 학생들에게는 어떻게 받아들여지고 있는지, 학생들 스스로에게는 체인지메이커 교육이 어떤 의미를 갖고 있는지를 확인해 보는 것이다. 이를 위해 다양한 문항을 넣어 설문 조사를 한다. 학생들에게는 솔직하게 평가하는 것이 선생님과 후배들에게 도움이 된다고 설명한다.

학생들은 대체로 한 학기의 체인지메이커 교육을 긍정적으로 평가했다. 성숙한 시민으로 성장하는 데 도움이 되었다고 평가했고, 사회현상에 대한 이해, 깊이 있는 학습, 실생활에의 적용 등에서 도움이 되었다고 했다. 구체적으로는 이해 활동과 체인지메이커 프로젝트 활동이 가장 도움이 된 것으로 평가했다.

1. 사회 학습의 목표는 "이 수업을 마치고 나면 사회현상에 대한 기본적 이해를 통해 성숙한 시민으로서의 교양 ……" 자신의 도달한 정도를 평가해 주세요. 응답 75개

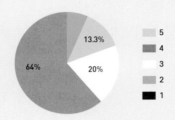

2. 사회 수업 중 도움이 되었다고 생각하는 활동에 체크해 주세요.(2개 이상 가능) 응답 74개

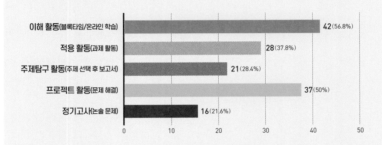

3. 사회 수업에 대한 전체적인 평가

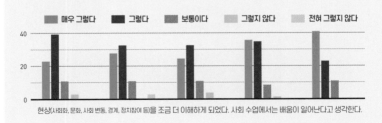

학생들에게 주관적인 의견도 물었다. 자신에 대한 평가, 수업에 대한 평가, 후배들에게 사회 수업(체인지메이커 교육)을 소개한다면? 등의 질문이었다. 정기고사가 끝난 직후라 자신이 받은 점수와 관련하여 성찰한 바를 작성한 학생들도 많았다. 그러나 공통적으로 사회의 구성원으로서 참여했던 것의 의미, 앞으로도 체인지메이커로서 살아가고자 하는 다짐을 작성한 학생들이 눈에 띈다. 이처럼, 나오기 과정은 학생들이 성숙한 시민이자 체인지메이커로 성장했고, 앞으로도 성장해 갈 것을 스스로 다짐하는 시간이다.

한 학기 사회 학습 과정과 결과에 대해 스스로를 평가해 주세요.
"한 학기 동안 열심히 수업에 참여했다. 특히 프로젝트를 다른 것보다도 더 열심히 한 것 같다. 프로젝트 중간에 주제를 바꾸는 바람에 '내가 과연 성공할 수 있을까?'라는 고민이 생겼지만 그래도 ○○이와 은상쌤에게 피드백을 받으러 가고, 발표 준비도 하면서 그러한 걱정은 사라지고 재미있었다. 프로젝트를 진행하면서 촛불청소년인권법 서명 운동을 해서 촛불청소년인권법이 실행이 되고, ○○이와 내가 원하는 사회가 되길 바라고 있다. 그리고 포기하지 않고, 열심히 노력하면 무엇이든지 성공할 수 있다고 이번 프로젝트를 통해 느꼈다. 다음에 또 프로젝트를 할 기회가 생긴다면 더 잘할 수 있을 것 같다."

"나는 사회문제에 많은 관심을 갖고 있지 않았는데, 사회 수업을 통해 다양한 주제를 가지고 학습할 수 있었던 것 같다. 이해 활동에서는 아는 내용은 더욱 구체적으로 배우고, 모르는 내용은 친구와의 말하는 학습방이나 질문을 하여 자기 발전을 하게 된 것 같다. 프로젝트 활동을 통하여 사회문제를 직접 바꿔 나가는 경험을 하게 되었고, 더 많은 주제로 활동을 해 보고 싶다. 무엇보다 사회 수업을 통해 얻은 게 많은 것 같아서 뿌듯하다."

한 학기 동안 선생님의 수업에 대한 종합적인 평가를 해 주세요.
"대부분의 수업은 선생님께서 수업을 진행하시는데, 사회 수업은 내가 수업의 주체가 되어서 배우기도 하고, 친구들과 그 배운 내용을 가지고 얘기를 하기도 한다. 그래서 더욱 유익했던 것 같기도 하고 기억에 많이 남는 것 같다. 다양한 학습 방법을 통해 학습할 수 있어서 좋았다."

"사회 수업은 선생님이 일방적으로 설명을 하고 학생이 앉아서 지루하게 듣는 방식이 아닌 선생님의 설명도 물론 듣지만 나 스스로가 하는 활동이 거의 절반을 넘게 차지했던 것 같다. 나쁘지 않았고 사회 시간이 지루하지 않았다. 프로젝트 활동이 나에게 큰 도움이 된 것 같고 나중에 프로젝트라는 관문과 맞닥뜨려도 전혀 어려움 없이 잘 해낼 것 같다."

내년 후배들에게 사회 수업을 설명한다면?
"사회 수업은 정말 유익한 수업 중에 하나인 것 같아요. 아니 가장 유익하다고 생각합니다. 이 수업을 듣고 일부 학생들이 이게 나한테 무슨 도움이 되지? 라고 생각할 수도 있어요. 그러나 그 생각은 잘못되었음을 한 학기가 끝나고 나면 알게 될 거예요. 정말 뉴스에도 관심이 없고 사회문제에는 더더욱 관심을 가지지 않았던 저로서 사회 수업이 저에겐 큰 도움이 되었습니다. 사회 시간에 배운 내용을 토대로 실생활에서 연관시킬 수 있다는 게 가장 큰 장점이었던 것 같아요."

"사회 수업을 하면 사회에서 부당한 점이 보이고 왜? 라는 질문이 많아져요. 수업으로 끝나는 게 아니라 일상생활과 연관되어 가는 수업이기 때문에 자연스럽게 자신의 주변 환경에 관심을 가지게 됩니다. 사회 공부를 하는 방법은 그냥 선생님 말씀을 정말 잘 듣고 그냥 친구들과 많은 이야기를 하는 게 도움이 되는 것 같아요."

학생들과의 마무리 대화

이러한 성찰과 다짐을 토대로 '나오기' 과정의 마지막에는 학생들과 대화를 나눠 본다. 시간이 허락된다면 일대일로, 허락되지 않는다면 4~5명씩 대화를 나눈다. 여러 명이 함께할 때에는 개개인에 대해 자세한 얘기를 하기는 어렵지만 어떤 점에 흥미가 있었는지, 강점이 있었는지 등을 위주로 대화를 나눌 수 있다. 학생들의 설문 결과도 대화의 소재가 된다. 학생들이 어려웠다고 하는 부분이 있다면 보완할 수 있는 방법을, 좋았다고 한 부분이 있다면 강화할 수 있는 방법을 간단히 조언한다.

'나오기' 과정은 선생님이 학생들을 일방적으로 평가하고 조언하는 활동이 아니다. 학생들이 학기 초에 수업을 시작할 때 세웠던 목표를 다시 떠올려 보고 스스로를 되돌아보는 과정이다. 그 과정에서 객관적인 평가가 이뤄질 수도 있고, 주관적인 성찰이 이뤄질 수도 있다. 선생님의 입장에서는 수업, 평가 등의 공식적인 제도 안에서 선생님의 의도가 얼마나 실현되었는지를 되돌아보고, 학생들의 요구를 다시 파악하는 과정이다. 학생들의 성찰, 객관적인 성장 정도, 요구 등은 다음 학기 활동에 반영된다.

9. 체인지메이커 교육에서의 학생 평가

체인지메이커 교육에서의 평가

이 책을 읽는 독자들이 수업 시간에 체인지메이커 교육을 해 보겠다는 다짐을 했다가도 '평가는 어떻게 하지?'라는 질문 앞에서 그 다짐을 지우는 경우도 있을 것이다. 반드시 체인지메이커 교육이 아니더라도 선생님들에게 가장 고민스러운 부분이 '평가'이다.

모든 수업에서 완벽하게 객관적이고 타당한 평가를 하는 것이 어려운 것처럼 체인지메이커 교육에서도 평가는 어렵다. 특히, 체인지메이커 교육을 일반적인 학생 평가 환경에 맞추는 과정에서 본래 의도했던 교육 목표가 왜곡될 수 있기 때문에 더욱 조심스럽다. 따라서 체인지메이커 교육에서 평가를 어떻게 하는지를 고민하기에 앞서서 우리는 어떤 평가를 해야 하는가, 체인지메이커 교육에서 평가를 어떻게 바라봐야 하는가를 먼저 생각해 볼 필요가 있다.

체인지메이커 교육을 하는 교사가 바라보는 학생 평가

일반적으로 평가는 학생의 현재 상태를 진단 혹은 측정하거나 학생의 행동을 개선하기 위해 실시된다. 무엇보다도 평가의 핵심적인 기능은 목표의 도달 정도, 학생들의 성장 정도를 파악하는 것에 있다. 그렇다면 체인지메이커 교육의 목표는 무엇일까? 학습 내용을 깊이 있게 이해하는 것을 목표로 설정했다면 학생 평가는 이해 여부를 확인하는 형태로 구성될 것이다. 또한, 체인지메이커 교육을 통해 다양한 역량을 활용하거나 신장시키는 것이 목표라면 학생들의 활동 경험과 역량 수준을 파악하는 학생 평가를 할 것이다. 아마도, 수업 시간에 진행한 대부분의 체인지메이커 교육은 이러한 범위 안에서 학생 평가를 구성할 것이다.

그러나 체인지메이커 교육이 단순히 교육에 그치지 않고 '학생들이 실제 문제를 개선했는가?', '사회 변화에 기여했는가?'와 같은 목표를 지닌다면 학생들을 어떻게 평가할 것인가? 이러한 목표는 체인지메이커 활동에 적합하지만 기존의 학교교육의 범위를 벗어난다고 말할 것이다. 그러나 이와 같은 목표로 시작한 체인지메이커 활동에서는 굳이 선생님들이 점수를 부여하지 않아도 학생들이 스스로 평가를 하게 된다. 활동을 진행한 학생들은 자신의 목표에 도달했는지, 자신들이 얼마나 충실했는지, 무엇을 보완해야 하는지 등을 점검한다. 즉, 체인지메이커 활동은 기획, 실행, 평가, 공유 등을 학생들이 주도하는 활동이다. 기존의 수업과 평가 방식을 벗어나서 학생들이 실제 문제 해결 과정에서 스스로 평가를 하고 자신과 주변 사람들로부터 피드백을 구하는 교육이 체인지메이커 활동에서 일어날 수 있다.

이처럼 체인지메이커 교육에서는 활동 목표에 따라 다양한 평가가 가능하다. 체인지메이커 교육을 통해 얻고자 하는 것이 무엇인지, 학생들이 도달하고자 하는 것이 무엇인지를 먼저 정하는 것은 평가를 어떻게 할 것인지로 이어진다. 더불어 학생들에게도 활동 목표와 평가의 초점을 공유해야 한다. 이러한 노력이 부족할 경우, 학생들은 체인지메이커 활동 따로, 학생 평가 따로 준비하는 모순적인 상황에 처하게 된다.

체인지메이커 교육을 하는 교사가 실천한 학생 평가

앞에서 언급한 바와 같이, 개인적으로는 한 학기 전체 수업 활동을 체인지메이커 교육으로 간주하고 하위 목표들을 설정하였다. 예를 들어, 이해 활동은 학생들이 자기주도적으로 학습 내용을 탐구하고 이해하는 것이 목표이다. 적용 활동은 선생님이 제시한 실생활 문제에 학습한 내용을 적용하여 해결하는 것이 목표이다. 따라서 이해 활동은 간단한 서술형평가를 통해 이해 여부를 파악한다. 또한, 적용 활동은 학습한 내용을 적절하게 활용했는지, 요구한 기능을 충실히 활용했는지를 평가한다. 한편, 종합논술 혹은 정기고사는 한 학기 동안 활동한 내용

문항	총점(20점)
서술형 1	5점
서술형 2	4점
서술형 3	5점
서술형 4	6점

서술형 1. <자료>에 나타난 언니의 상황이 인권침해에 해당하는지에 대한 자신의 의견을 논술하고, 인권보장 방법을 학습한 학생으로서 언니에게 해줄 수 있는 실질적인 조언을 작성하시오.(5점)

<자료>

나는 주말에 고등학교에 다니는 사촌언니를 만났다. 언니와 이런저런 얘기를 하다가 학교 얘기가 나왔다. 우리 학교는 교실은 물론이고, 학교 모든 곳에서 디지털기기를 사용할 수 있다고 자랑했다. 말을 마치자마자 언니가 말한다. 수업시간 디지털기기는 둘째 치고 점심시간에 스마트폰이라도 사용하면 좋겠다는 것이다. 언니가 다니는 학교에서는 스마트폰을 아침에 걷어서 하교할 때 돌려준다고 했다. '가방에 넣어놓고 수업시간에 사용하지 말아라'가 아니라고 한다. 한번은 집에 두고 온 물건이 있어서 급하게 연락을 해야 하는데, 교무실에 가서 전화를 하는 것이 불편해서 결국 연락을 하지 못했다는 것이다. 언니네 학교 학생회에서는 여러 차례 건의를 해봤지만 소용이 없었다고 한다. 언니는 현재의 학교방침이 학생들의 인권을 침해한다고 생각하고 있다. 그렇지만 학생으로서 참는 것 말고 방법이 있겠냐며 아쉬워했다. 나는 언니에게 조언을 해주고 싶었지만 마땅히 어떤 말을 해줘야 할지 생각이 나지 않았다.

※ 유의사항

작성 조건	• 인권의 의미를 제시하여 자신의 의견을 논술할 것 • [참고자료]의 헌법조항을 활용하여 작성할 것 • 국가기관을 통한 인권보장 방법을 제시할 것	
부분 점수	인권의 의미를 제시하였음	1점
	인권침해에 대한 의견을 제시하였음	1점
	인권침해에 대한 의견을 헌법조항을 근거로 제시하여 논리적으로 논술하였음	1점
	인권보장 방법에 관한 조언을 제시하였음	1점
	국가기관으로부터의 인권보장 방법에 관한 조언을 논술하였음	1점

서술형 2. <자료A>의 문제상황을 해결하기 위하여 <자료B>의 규정에 대의원의 역할(권한)을 추가하고자 할 때, 적절한 내용과 그 이유를 각각 2가지 논술하시오.(4점)

<자료A>

나는 우리학급의 회장으로 대의원회의에 참석했다. 첫 번째 대의원회의라 무엇을 하는 곳인지 궁금하기도 하고, 기대가 되기도 했다. 그런데 대의원회의를 하는 동안 원래 갖고 있던 궁금함은 해결이 되지 않고, 새로운 질문들이 머릿속에 가득 찼다. 회의 내내 아이들이 다양한 주장을 했지만 개인의 의견인지 학급의 의견인지 구분이 되지 않았다. 또한, 대의원으로서 무엇을 주장해야 하는지 잘 몰라서 침묵하는 친구들도 많았다. 집에 돌아오는 길에 나와 친구는 고민에 빠졌다. '대의원회의는 학급회장들이 주로 모인 자리인데 우리가 무엇을 해야 하는지, 대의원회의는 어떤 모습이어야 하는지...'

집에 돌아가서 우리학교 규정을 살펴보니 대의원회의 역할이나 권한에 대한 내용이 없었다. 나는 국회와 같은 대표기관의 역할을 참고하여 학교운영위원회에 규정 개정의 견을 간접적으로라도 제출하고자 한다.

<자료B>

제4장 대의원회

제13조 (목적 및 구성)
① 대의원회는 이결기구로서 본회의 목적달성을 위한 중요사항 등을 심의 결정한다.
② 대의원회는 각 학급 회장, 부회장, 학생회의 임원으로 구성되며 학생회장이 의장이 된다.

제14조 (회의)
① 대의원회의는 정기회와 임시회로 나누어 소집한다.
② 정기대의원회는 학생회장이 지도위원과의 지도를 받아 소집한다.
③ 임시대의원회는 회장 또는 회원 1/3이상의 요청이 있을 때 학생회장이 지도위원회의 지도를 받아 소집한다.
④ 대의원회 회의록을 작성하여 그 결과는 게시판을 통하여 학생 1급 다른지 게시부분에 ② 게시된 결의 공약을 보인다 한다.
제15조 (의결) ① 회의는 재적 대의원 2/3이상을 출석으로 개의하며 재적의 ② 다수의 찬성으로 가결된다. 기타 표수가 같은 경우에는 의장이 결정권을 가진다.
제16조 (안건 제출) 의결된 안건은 학생회 담당교사에게 제출하여 학교장의 결재를 득한다.

※ 유의사항

작성 조건	• 국회의 역할과 관련하여 대의원회의 구성원(대의원)의 역할(권한)을 설명할 것 • 자신의 주장에 대한 근거나 이유를 제시할 것	
부분 점수	대의원의 역할(권한)을 제시하였음	각 1점
	자신이 제안한 대의원의 역할(권한)을 국회의 역할과 관련하여 논리적으로 논술하였음	각 1점

[뒷면에 계속]

정기고사 문항 일부

들을 종합적으로 이해하고 있는지, 논리적으로 표현하는지를 중심으로 평가한다.

앞에서 내용 영역에 대한 학생 평가를 진행하였으므로 체인지메이커 프로젝트 활동(좁은 의미의 체인지메이커 교육)에서는 기능 부분에 초점을 맞춰서 평가를 진행한다. 학생들이 학습 내용을 얼마나 깊이 있게 이해하였는지는 학생들이 어떠한 활동을 했는지, 어떤 자료를 수집하였는지를 통해 간접적으로 확인할 수 있다. 그러나 주된 평가 내용은 체인지메이커 활동 과정에서 학생들이 실제로 수행한 활동 여부 혹은 수준이다. 구체적인 내용은 활동을 시작하기 전에 이미 질문의 형태로 제시하였다. 사실상 학생들의 활동은 이러한 질문에 답을 하는 과정이라고 할 수 있다.

선생님이 학생들에게 제공하는 피드백도 이러한 질문을 중심으로 이뤄진다. '학생들의 활동-매 시간마다 제공하는 피드백-종합적인 활동 평가'가 모두 사전에 제시된 질문을 중심으로 이뤄지는 것이다.

위의 질문에 얼마나 충실하게, 논리적으로 답을 하였는가에 따라 팀별로 평가를 받게 된다. 보통 각 질문에 대해서는 3단계(수행하지 않음-수행함-충실히 수행함)로 구분하여 점수를 부여한다. '수행함'과 '충실히 수행함'의 차이는 각 팀이 수행한 활동 내용에 따라 달라진다. 예를 들어, '2-2. 우리 팀이 도달하고자 하는 목표는 무엇인가요?'와 관련하여 선생님이 안내한 목표의 구체성, 실현 가능성 등을 반영하였다면 '충실히 수행함'으로 평가한다. 또한, '4-1. 우리 팀이 선택한 아이디어와 구체

1-1. 이 문제는 어떻게 나타나고 있나요? (현상, 사실 등을 중심으로)

1-2. 이 문제가 지속되면 어떤 문제가 발생하나요?

1-3. 팀원들이 이 문제를 선택한 이유는 무엇인가요? 왜 해결해 보고 싶나요?

1-4. 다른 팀 친구들은 우리의 문제에 대해 어떤 반응을 보였나요?

2-1. 문제의 구체적인 원인은 무엇인가요?

2-2. 우리 팀이 도달하고자 하는 목표는 무엇인가요?

3-1. 기존의 해결 사례/아이디어는 무엇인가요?

3-2. 우리 팀에서 생각한 아이디어는 무엇인가요?

3-3. 아이디어들의 강점과 약점은 무엇인가요?

4-1. 우리 팀이 선택한 아이디어와 구체적인 실행 전략(계획)은 무엇인가요?

4-2. 팀의 전략에 대해 다른 사람들의 반응은 어떠한가요?

4-3. 다른 사람들의 반응을 반영한 후 팀의 전략은 어떻게 달라졌나요?

4-4. 실제 실행은 어떻게 나타났나요?

5-1. 팀의 모의 실행에 대해 사람들은 어떤 반응이었나요?

5-2. 팀은 어떻게 보완할 예정인가요?

체인지메이커 프로젝트 활동 평가 질문 예시

적인 실행 전략은 무엇인가요?'에서는 팀이 세운 목표, 원인, 해결책이 일관성을 갖고 있어야 '충실히 수행함'으로 평가한다. 무엇이 '충실히 수행함'으로 분류되는지는 활동 전에 학생들에게 구체적으로 안내한다. 학생들은 선생님의 설명뿐만 아니라 온라인과 게시판에 공유되어 있는 활동 안내서를 참고하여 자신들이 수행해야 할 내용과 수준을 확인한다. 학생들의 활동 과정에서 각 팀은 선생님으로부터 '충실히 수행함'의 여부와 보완할 내용을 피드백 받게 된다.

선생님은 학급별 체인지메이커 최종 공유회에서 학생들의 발표를

프로젝트 발표 중 학생 평가

2팀

응답 75개

☐팀 : 낙태죄 폐지 / 직접 프랑스어로 낙태죄를 찾아본 것과 주제를 선택한 이유, 낙태가 일어나는 원인, 그리고 사례를 자세히 쓴 것이 좋은 것 같았다. 그리고 해결방안을 여러가지로 찾은 것이 좋았다. 설문조사 내용을 보기 쉽게 정리해놓아서 편했다.

낙태죄 / 돈이 없는 청소년들은 불법낙태를 하고 있다. 합법적으로 낙태를 하는 사람은 9퍼센트 밖에 안 됨. 최근의 사회이슈가 낙태죄라서 선택, 설문조사를 했다. 심각한 사회문제라고 공감했다. 문제의 구체적인 원인 : 완벽한 피임방법이 없고 중간간과 강간이 일어난다 처벌이 약해서, 그리고 낙태죄가 있으니까 불법 낙태가 늘어남. 여성의 자유권과 태아를 중요시 한다. /목표 : 작은 변화라도 만들어 가겠다. 우리학교에 알리고 사건의 심각성을 알리고 인식을 바꾸겠다. /사례 : 아일랜드의 낙태죄 폐지/ 미셸쌤 인터뷰/ 1차 설문과 2차설문을 나눠서 했다.

설문을 1,2차로 나누어서 체계적으로 진행했다는 점이 놀라웠고 사례도 제대로 잘 찾은 것 같다. 그리고 인터뷰까지 했고 아이디어의 기준을 세웠다. 그리고 낙태죄를 설명도 잘 해주었다.

주제 : 낙태죄 폐지
좋은 점 : 원하지 않는 임신에 대해 많은 여성들이 피해를 받고 불법 낙태를 하는 여성들이 점점 늘어나고 있는 것에 알게 되었다.
나쁜 점 : 발표를 하는 도중에 피피티에 강조를 하려는 이유로 빨간 펜을 사용한것 같지만 발표를 보는 입장에서 봤는 때에는 정신이 사나워져 피피티에 집중 할 수가 없었다.

☐팀 : 낙태죄 폐지 여성에게 좋은 방향이 어떤것인지 잘 나타냈었고 원인과 사례를 꼼꼼히 조사한 것 같다. 또한 설문조사도 체계적으로 하였고 인터뷰를 넣어서 그런지 더 개인적인 생각과 의견을 들어볼 수 있었던 것 같다.

프로젝트 발표 중 다른 팀에 대한 친구들의 소감

들으면서 팀별 활동 내용을 평가한다. 부족한 부분이 있다면 온라인상에 직접 메모해 놓고, 발표가 끝나면 각 팀별로 최종적인 피드백을 제공한다. 선생님과 학생들은 평가 결과에 대해 논의하기도 하고, 친구들의 발표 소감들을 공유한다.

지금까지 수업 상황에서의 체인지메이커 교육과 평가 사례에 대해 설명하였다. 여전히 어려움이 많은 영역이다. 체인지메이커 교육에서 강조하는 학생 주도성, 실제성 등이 현재의 학생 평가 상황에서 제대로 발휘되기 어려운 측면이 있다. 학생들은 '수업이 끝났어도 계속 프로젝트를 해 보고 싶다'고 말하지만, 수업이 진행되는 중에는 일종의 수행 평가 중 하나로 인식할 수 있기 때문이다.

따라서 학습 활동과 평가를 연계하려는 노력을 해야 한다. 최근, 과정 중심 평가에 대한 관심과 지원은 체인지메이커 교육에 긍정적인 환경이 되고 있다.

2016 체인지메이킹 캠프 후기(in창덕여중)

2016.4.3.

새싹이 났다.

얼마 전 아내와 아이들이 심은 채소씨앗에서 새싹이 돋았다. 아이들은 마냥 신기한지 아침마다 새싹이 얼마나 올라왔는지 확인도 하고, 더 잘 자라라고 물도 준다. 생명의 신기함, 아이의 성취감 그리고 무언가가 자라고 있음을 보는 호기심…… 그러면서 아이들도 커가는 것 같다.

체인지메이킹 캠프가 학교에서 1박 2일로 있었다. 동아리 학생뿐만 아니라 학생회 임원, 다른 동아리 단장들 그리고 한 꼭지씩 활동을 맡아 준 선생님들. 관심, 호기심 그리고 응원을 담은 학부모님의 참여 등…… 양적으로는 작년에 비해 성장하였다.

난생 처음 체인지메이커, 체인지메이킹이란 말을 접한 아이들에게 신선한 경험이었을 수도, 고단한 경험이었을 수도 있다. 그것이 어떠한 경험이었든 각자의 마음속에 씨앗을 심는 경험이었음을 기대해 본다. 그리고 새싹이 조금씩 돋아남을 관찰하고 자신과 타인에게 햇빛도 쐬어 주고 물도 주리라 기대해 본다.

양적인 측면 못지 않게 질적인 측면의 씨앗도 심었다고 생각한다. 하루 일과가 끝나고 나눈 선생님들과의 대화. 오늘 프로그램에 대한 비평이 이어졌다. 작년에는 이 프로그램을 운영하는 선생님들에 대한 수고, 역량 등에 대한 긍정적인 평가가 이어졌었다. 아마도 이러한 평가는 자아도취에 빠질 만한 것이기도 했으리라.

그러나 올해 두 번째 참가한 선생님들에게서는 이제 학생들을 관찰하였고, 프로그램 내용 하나하나를 유심히 관찰하고 냉철하게 평가하였다. 잘못 이해하면 충분히 오해할 수도 있는 내용이지만 그분들의 진정성을 이해한다면 너무도 감사한 일이다. 하나의 활동, 공동체 등이 성장하는 데 비평의 관점이 형식과 양적 측면에서 내용과 질적 측면으로 이동했다는 것은 주목할 만한 일임은 분명하다.

새싹이 돋기 전까지 우리 집의 아이들은 매일매일 상상했다. 어떠한 새싹이 돋을지, 언제 그 새싹이 돋을지. 그리고 새싹이 돋은 지금, 이제는 열매가 어떤 모습으로, 언제 열릴지 상상한다. 그리고 매일매일 누가 시키지 않아도 손수 물을 준다.

체인지메이킹이란 정답 없는 활동에서 아이들 각자가 심은 씨앗들이 아이들의 상상과 함께 성실한 '물 주기'를 통해 실천으로 나타나기를 다시 한번 바래 본다.

그러한 씨앗 심기를 처음부터 끝까지, 많은 어려움 속에서도 세심하게 준비하고 프로그램을 운영한 나의 벗에게 감사한다.

특별하지 않은 특별함
2016.7.30.

체인지메이커는 우리 곁에 늘 존재했고, 앞으로도 그럴 것이다. 그러하기에 '모두가 체인지메이커!'라는 구호는 특별할 것이 없을 것인데…… 광주에서, 대구에서, 구미에서, 대천에서. 그리고 일본에서 이 공동체를 찾는 특별함이란 무엇인가.

오늘의 감상일 수 있으나 나는 그 특별함을 '맑음'이라 생각한다. 무언가를 변하게 해야 한다면 그건 나, 학교, 세상을 맑게 하고 싶다는 것이고, 그러한 동기와 동기간의 만남을 찾아 거리, 성별, 직업, 나이, 성격 등을 불문하고 찾게 한다. 변화의 방법과 양상은 모두가 다르지만 '맑음'이란 공통점은 동일하다. 맑은 모임에서 서로에게 더 큰 위안과 동력을 얻고, 세상과 나누고 실천하는 사람들. 일본에서 건너온 히로가 한 말 중.

"우리는 체인지메이커들의 열매와도 같은 성과에 주목하지 않는다. 우리는 그들의 동기, 왜 변화를 이루려 하는가에 해당하는 뿌리에 집중한다."

다음 주에는 그러한 아이들이 모인다.

세상을 맑게 하고자, 그리고 스스로도 맑게 하고자 노력하는 아이들, 특별할 것 없는 지극히 평범한 모임에서 나같이 평범한 어른이 느낀 특별함을 느껴 보면 좋겠다.

"무더위 속의 맑음"

2016.8.5.

날씨가 참 맑다. 그런데 요즘같이 맑은 날씨를 맑다고 좋아할 사람이 있을까? 타는 듯한 무더위. 폭염이 기승을 부리는 시기에는 푸른 하늘도 반갑지 않을 것이다. 이런 날씨에는 일감을 놓고 휴가를 보낼 수밖에 없다.

이런 날씨, 그리고 모두가 휴가를 떠나는 시기에 무언가의 끌림으로 모인 아이들이 있다. 여러 대화를 나누지 않아도 맑은 기운이 느껴지는 아이들이다. 아마도 자신이 맑을지라도 환대받지 못하는 학교와 사회적 분위기. 자신이 맑을지라도 주변이 맑지 못한 상황에 불편한 아이들. 방학이면 늦잠 자고, 게임을 즐기고, 아이돌에 열광할 법한 녀석들인데, 곱씹어 생각해 봐도 한마디로 정의 내리기 어려운 맑음이다. 누구와 만나도 자신이 가지고 있는 생각, 고민, 방향성을 편하게 꺼내게 된다. 학생과 선생님의 관계가 아닌 사람과 사람으로 만나 서로의 이야기에 귀 기울이게 된다. 이들이 가지고 있는 기본적인 성향, 문제의식, 소망 뿐만 아니라, 체인지메이커 캠프가 제공한 여러 상황들은 서로가 서로를 존중하고 힘을 불어넣기에 충분했다.

캠프가 끝나고 어른 체인지메이커로서 이날의 감상들을 여러 번 되새겨 생각해 봤지만 지금까지 경험했던 것과는 달리 다소 특별하다. 대부분의 감상들은 어느 정도 그 감각과 감상들이 종료된 상태에서 후기를 남겼으나 이 글은 그 감상이 진행 중인 상태에서 기록하는 표피적인 수준의 후기랄까? 아마도 이들이 앞으로 하게 될 활동들에 대한 기대가 감상을 이어가게 하는 탓이다.

그러나 '기대한다!'는 말보다 이들에게 '함께할게!'라는 말이 더 필요할 것 같다. 어른, 교사로서가 아닌 동료 체인지메이커로서 나와 우리가 할 수 있는 그리고 하고 싶은 길을 함께 걸어가면 좋겠다.

대체로 무더위 속 맑음은 더움에 가려져 그 빛을 발하지 못하지만, 이번 캠프는 더움을 잊게 하는 맑음이 있음을 느끼게 한 순간들이었다. 그리고 맑은 기운을 엮고 만들어 가는 사람들을 만난 것에 참으로 감사한 시간이었다.

캠프에서 만난 아이들 "밝음"

2016.8.6.

　이번 캠프에는 전국에서 100명의 학생들이 초대되었다. 이들이 캠프에 초대, 선정되었을 수 있으나 중요한 건 모두가 좋은 만남이 이뤄지는 모임에 올 수 있도록 선택하고, 선택받은 아이들이라는 것이다. 아마도 다음 캠프에서는 또 다른 100명 혹은 각 지역에서 100명의 아이들이 만나리라 생각된다.

　관찰자(?)로서의 임무를 받은 나는 프로그램 전반을 바라볼 수 있는 호사를 누렸다. 시험 기간에 감독하는 느낌이 살짝 들기도 하였으나 아이들의 움직임을 관찰하는 것은 시험 감독 이상의 수고가 따르는 일임이 분명했다. 중간중간 아이들을 만나며 캠프에 대한 느낌도 묻고, 그들이 지닌 고민과 한 학기 동안의 활동을 듣기도 하였다.

　내가 아이들과 직접적으로 만난 건 둘째 날 솔루션 찾기 해커톤 시간. 약 20개 가까이 되는 프로젝트가 있음에도 불구하고, '청소년 체인지메이커 문화 확산'이라는 주제를 찾아 몰려든 아이들이 10여 명 되었다. 그중 학교 간 문화 확산이란 영역에 모인 학생들이 5명. 저녁 8시경에 만난 이들의 눈빛은 사뭇 진지하다. 자신이 이 프로젝트를 왜 해야 하는지, 얼마나 하고 싶은지에 대해서 이야기하는 데 주저함이 없다. 내가 한 역할이라고는 이야기를 촉진하고, 흐름을 이어가게끔 물꼬를 터 주는 역할이었을 뿐 그들이 해야 할 활동의 실체는 스스로 채워 나갔다. 그들이 보여 준 주도성, 열정 뒤에 어른으로서 느끼게 되는 감정은 서로에 대한 존중과 감사함 그리고 예의 바름 등이었다. 얼마 전 교사 체인지메이커 워크숍에서도 체인지메이커가 가져야 하는 태도 혹은 역량으로서 '도덕성'이 거론된 적이 있음이 기억난다. 무언가를 변화시키고자 하는 사람의 '마음'이 현재의 삶에 대한 미움에서 비롯되는 것이 아니라 자신이 그러한 일을 할 수 있다는 '감사함'에서 시작되는 것은 참으로 흐뭇한 일이다. 이들이 한 팀으로 묶인지 몇 시간 되지 않았지만 팀에게 필요한 일에 서로가 "내가 할게요" 하며 빈틈을 채워 가는 아이들. 우리의 대화는 새벽한 시까지 이어졌다. 아마도 몇 년 동안 남학생들과 가장 오랜 시간 대화를 나눈 것이 아니었나 싶다. 어느 때보다 밤하늘이 밝은

날이다.

　캠프가 끝나고 다시 일상으로 돌아간 아이들. 부산, 대전, 세종, 서울 등 각지에 떨어져 살고 있으나 내일이면 이들이 잠시나마 웹상에서 얼굴을 본다.

　아주 오래된 방송 중 개그맨 이경규는 '양심냉장고'라는 프로그램을 진행했다. 도로에 그려져 있는 자동차 정지선을 지키는지를 관찰하고 잘 지킨 사람들에게 냉장고를 선물하는 단순하지만 단순치 않은 프로그램이었다. 오늘 운전하던 중 문득 '양심냉장고'가 생각이 났다. 그 프로그램이 세상을 정말 양심이 있는 세상으로 만들지는 못했으나 적어도 그 프로그램을 어릴 적 봤던 내가 운전할 때마다 정지선 앞에서 '양심냉장고'를 떠올리게 된다면 양심 문화를 만드는 데 기여한 것이 아닐까?

　캠프에서 만난 아이들의 프로젝트가 적어도 자신에게는 무한한 학습 기회가 되겠으나 이러한 프로젝트에 관심을 갖고 실천하려는 노력을 한다는 것 자체만으로도 '체인지메이커 문화 확산'이 시작되는 것이 아닐까?

창덕 체인지메이커 캠프, 네 번째 이야기

2017.6.7.

　좌충우돌하며 세 번의 캠프를 했고, 네 번째 이야기를 기다리게 되었다. 이야기, 어떤 아이들에게는 새로운 세상과의 만남에 관한 것이고, 어떤 아이들에게는 이미 알고 있던 세상의 확인이자 다짐에 관한 것이다. 그러나 이번 이야기가 더 기대되는 것은 내가 직접 눈으로 볼 수 없는 이야기이고, 참여자들의 입을 통해 들어야 하기 때문이다. 공교롭게도 이번 캠프에 참여하지 못하는 상황은 아쉽다. 그러나 아이들의 적극적인 요구와 나름의 확신, 책임감, 그리고 짝꿍 Kyuyun Christina Lim과 함께해 주시는 여러 선생님들의 협력은 나름 '모두가 체인지메이커'이고자 했던 첫 출발과 맞닿아 있지 않을까.

　바쁘고 어려운 상황이지만, 나보다 더 특별한 이야기를 만들어 갈 누군가를 응원하며!

동아리 속 체인지메이커 교육

동아리 활동을 통해 체인지메이커 교육의 전 과정을
설계 · 실행 · 성찰한 이야기이다. 체인지메이커 교육을 진행하고자 하는
교육자와 학생들에게 구체적인 활동 팁을 제안하고 있다.

1. 정체성 형성하기

학생의 이야기

"창덕여중 체인지메이커 동아리는 2015년에 시작되었습니다. 3학년 사회 시간에 체인지메이커 활동을 선생님으로부터 소개받았고, 관심 있는 친구들 몇 명이 주도하여 전체 학생들을 모집했습니다. 우리 학교는 전체 학생이 220명 정도 되는 서울의 작은 학교인데요. 그중 10%인 25명이 체인지메이커 동아리에 참여했어요. 첫날, 동아리 단장을 뽑았고, 몇 가지 게임을 하며 친해질 수 있는 기회를 가졌어요.

사실, '체인지메이커'라는 말만 듣고, 이 동아리에 들어온 친구들도 있는데요. 우리의 지도교사이신 이은상 선생님, 임규연 선생님은 '체인지메이커'가 어떤 사람들인지, 나는 어떤 사람인지, 나는 어떤 사람이 되고 싶은지에 대해서 살펴보게 하셨어요. 정답이 있진 않았지만 스스로 생각해 보고, 친구들과 생각을 나눠 보니 나 역시 체인지메이커가 되고 싶다는 생각이 들

"나는 체인지메이커인가요?!"

체인지메이커 정체성 ○ 문제 발견하기 ○ 문제 정의하기 ○ 해결 전략 도출하기 ○ 실행하기 ○ 공유하기

었어요. 그리고, 내가 가진 장점을 바탕으로 이 활동의 목표를 세워 보게 되는 기회였어요. 우리는 체인지메이커가 대단한 사람들만 할 수 있는 특별한 일이 아니라 작은 것, 우리 주변의 것으로부터 공감하고 실천하는 것이라는 것을 느끼게 되었습니다."

선생님의 이야기

"체인지메이커 활동이 시작된 것은 2015년 3월이었다. 사회 과목을 가르치고 있는 나는 학생들이 배워야 할 여러 단원 중 '사회문제'라는 주제를 먼저 선택했다. 아이들과 학습 주제를 시작하기 전 '나는 어떠한 존재인가?'라는 물음을 던졌다. '내가 지금 배우고 있는 학습 주제들이 나에게 어떤 의미일까?' '나는 이러한 학습 주제를 통해 어떠한 사람이 될 수 있는가?' 다소 무거운 물음이다. 학생들은 꽤 진지해졌다. 교과서에 실려 있는 내용들이니까 당연히 배우는 거라고 생각했던 아이들에게 우리가 이러한 내용들을 왜 배워야 하는지를 묻는 것이 생소했던 모양이다. 그리고 몇 가지 사례들을 함께 살펴봤다. 국내외에서 활동한 체인지메이커들의 이야기였다. 어쩌면 학생들에게 거창한 변화로 느껴질 수도 있었겠다. 여기서의 초점은 변

화의 스케일이 아니라 체인지메이커들의 '공감'이다. 이들은 왜 그러한 움직임을 실천했을까? 그리고 무엇이 그들을 몰입시켰을까? 그들은 자신의 마음속에서 꿈틀거리고 있는 공감을 숨기지 않고 적극적으로 행동했다. 아이들에게 물었다. '내가 공감하고 있는 문제는 무엇인가?' '그러한 문제는 누가 해결해야 하는가?' 아이들은 조금 더 진지해졌다. 그리고 다시 한 번 물었다. 이러한 질문을 선생님과 함께 해결해 볼 사람? 마음속에 꿈틀거리고 있는, 공감하고 있는 문제를 함께 해결해 볼 사람? 나는 믿었다. 아이들의 마음속에 이미 체인지메이커로서의 정체성이 자리잡고 있다는 것을.

학생들은 체인지메이커 동아리에 대해 하나둘씩 질문을 하기 시작하더니 약 20명 정도의 학생들이 모집되었다. 학생들이 모인 첫 시간, 아이들은 서로 친한 사이의 아이들도 있지만 다소 어색한 분위기였다. 자신들이 좋아하는 몇 가지 게임을 함께 했다. 그리고 자신을 자연스럽게 드러내게 하는 질문으로 친구들과 대화하고 전체 앞에서 발표했다.

첫 시간의 질문들

　내가 생각하는 체인지메이커는?

　내 주변의 체인지메이커는?

　체인지메이커로서 내가 갖추고 있는 것은?

　내가 체인지메이커 동아리에서 이루고 싶은 목표는?

　체인지메이커 동아리 일원으로서 내가 지킬 약속은?

학생들은 자신을 솔직하게 드러내는 경험을 하였다. 친구에 대해 잘 몰랐던 사람에게는 상대방을 이해하는 기회였고, 이미 친했던 사람들에게는 상대방을 좀 더 깊이 들여다보는 기회였다. 그리고 자신에게는 이곳에 있는 이유를 발견하는 소중한 시간이었다. 그래서 체인지메이킹 활동에서 가장 중요한 것이 무엇이냐고 묻는다면, 자신이 체인지메이커임을 인식하는 첫 시간이라고 말할 것이다."

활동 전에 생각해 보기

가장 중요한 단계 스스로가 체인지메이커임을 인식하게 된다면 자기 주도적으로 활동에 참여하게 된다.

모두가 체인지메이커 사회 혁신가들 사례는 학생들에게 모델링을 하는 데 도움을 줄 수 있다. 또한 사회 혁신가뿐 아니라, 자신과 주변의 문제에 관심을 갖고 행동하는 사람 모두 체인지메이커임을 강조하자.

주도권은 학생들에게 강요된 체인지메이킹은 존재하지 않는다. 규칙

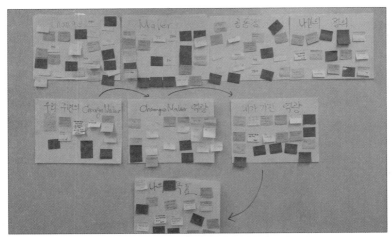

학생들이 작성한 체인지메이커 브레인스토밍

은 존재하되 학생들이 자율적으로 참여하도록 하자. 교사는 조력자 역할을 하며 주요한 사항은 학생들이 결정하도록 한다.

학부모의 참여　체인지메이커 활동은 모든 어른의 관심과 도움을 필요로 한다. 특히, 부모님들의 한마디는 아이들을 움직이게 할 수도, 멈추게 할 수도 있다. 학부모님께 간단한 편지를 전달하는 것도 좋다.

선생님의 협력　체인지메이커 활동은 특별한 것이 아니다. 일상에서 일어나야 하는 자연스러운 활동이다. 그러나 학교에서 학생들이 하는 행동은 특별하게 받아들여질 수 있다. 선생님들에게 활동의 취지를 설명하고, 협조를 구해 보자.

활동하기

체인지메이커란 어떤 사람들일까? 체인지메이커 활동을 하기 위해 모인 학생들과 처음으로 할 것은 각자가 가지고 있는 체인지메이커에 대한 생각을 나눠 보는 것이다. 체인지메이커가 가지고 있는 특성, 자기 주변에 있는 체인지메이커, 체인지메이커로서 자신이 가지고 있는 특성과 보완해야 할 특성들을 자유롭게 생각해 보게 하자.

학생들은 체인지메이커의 특성으로 혁신, 창의성, 용기, 윤리, 인내 등을 이야기한다. 어른들이 생각하는 것과 크게 다르지 않다. 이러한 단어들을 결합하여 자신만의 체인지메이커 정의를 내려 보게 한다. 예를 들어, 위의 단어들을 결합하면 "공공의 문제를 창의적인 아이디어로 용기 있게 해결하고 혁신하는 사람들"이 체인지메이커의 정의가 될 것이다. 여기에 정답은 없다.

다음으로 자신이 정의한 체인지메이커를 주변에서 찾아보게 한다. 개인적으로 가장 인상적이었던 내용은 자신의 부모님을 체인지메이커로 작성한 학생들이었다. 다음으로는 학교 선생님, 혹은 교장 선생님을 작성한 학생들이 많았다. 물론, 누구나 알 법한 기업가들도 체인지메이커로 선택되었다. 이러한 대화들을 통해 학생들은 사회적 임팩트impact의 차이는 있지만 일상생활에서 긍정적인 변화를 만들어 가는 사람들이 많다는 것을 깨닫게 된다.

'체인지' '메이커' '체인지메이커' 하면 떠오르는 것들을 브레인스토밍해 봅시다.

Changemaker

체인지메이커가 가지고 있는 특성은 무엇인가요?	내 주변에 있는 체인지 메이커는 누구인가요?	체인지메이커로서 내가 가지고 있는 특성은 무엇인가요?	체인지메이커로서 내가 보완해야 할 특성은 무엇인가요?

함께 하면 도움되는 활동들

체인지메이커 활동 지원서 동아리로 운영할 경우, 학생들은 활동 지원서를 제출한다. 체인지메이커 활동은 처음부터 달콤한 열매를 주지 않는다. 학생들이 성실하게 참여해야 각자가 원하던 소득을 얻게 된다. 지도교사는 사전에 지원서를 검토하고 기대 수준을 파악할 필요가 있다.

학생이 작성한 체인지메이커 활동 지원서

체인지-메이커-공통점-나만의 정의-우리 주변의…역량-내가 가진 역량-나의 목표… '체인지메이커'라는 말은 학생들에게 생소한 개념이다. 무리하게 개념 정의를 하기보다는 학생들이 가지고 있는 생각을 공유하고 스스로 정의하여 목표를 세울 수 있도록 안내해 주자. 필요하다면 참고 영상을 활용할 수 있다.

체인지메이커 명찰 만들기 1. 체인지메이커에 대해 살펴보는 시간이 마무리되면, 그동안 나눈 대화를 토대로 자기만의 명찰을 만들어 본다. 2. 명찰에는 이름, 별칭, 체인지메이커 활동의 목표, 자신과의 약속, 공동체와의 약속을 기록한다. 3. 명찰은 체인지메이커 활동을 할 때마다 사용한다.

앞면

불리고 싶은 별칭

체인지메이커로서의 목표

뒷면

나와의 약속

우리의 약속

함께 하면 도움되는 자료들

10대들이 말하는 체인지메이커란   무당벌레 구하기 프로젝트   Everyone A Changemaker

그걸 바꿔 봐   최고의 자격   화살표 청년(리틀 빅 히어로)

2. 문제 발견하기

"나와 우리에게 깊이 연결된,
그래서 공감한 문제는 무엇인가요?!"

체인지메이커 ▷ 문제 ▷ 문제 ▷ 해결 전략 ▷ 실행하기 ▷ 공유하기
정체성　　　 발견하기　 정의하기　 도출하기

학생의 이야기

"내가 '체인지메이커'라는 인식을 하고 나니, 바꿔 보고 싶은 것들이 많아
졌어요. 선생님들은 다양한 방식으로 문제를 발견하도록 도와주셨어요. 예

를 들면, 하루의 일과를 그림으로 그려 보게 한 거예요. '나의 기분을 좋게 할 때와 나쁘게 할 때는 언제일까?'를 곡선으로 그려 보니 하루라는 시간에도 내가 겪고 있는 문제들이 많다는 것을 알게 되었어요. 또 '나'를 중심으로 내가 접하는 장소들을 그려 보기도 했어요. 각각의 장소에서 겪은 경험이나 겪을 수 있는 문제들을 정리해 보았어요. 이러한 문제들을 다시 정리해 보고, 내가 가장 해결해 보고 싶은 문제들을 선정했어요. 저는 학교 주변의 간접 흡연 문제를 찾았고, 나와 비슷한 주제를 선택한 친구들과 팀을 이루게 되었지요."

선생님의 이야기

"체인지메이커 동아리 활동이 시작되고 아이들은 매주 목요일 방과 후에 자발적으로 모였다. 일종의 자율 동아리 형식으로 활동하는 것이다. 다만, 아이들의 활동을 촉진하기 위해 선생님이 당분간 도움을 주기로 했다. 나와 임OO 선생님(본교 동료 교사)은 역할을 나누어 체인지메이킹 과정을 지원하기로 했다. 명확하게 언제까지 지원하자고 합의하지는 않았지만, 아이들이 스스로 문제를 발견하고 문제를 소개하는 캠페인을 하기까지는 매주 활동을 공유하고 보완하는 시간을 가졌다.

문제 발견 시간을 통해 동아리 활동은 본격적으로 시작되었다. 학생들의 마음속에 해결해 보고 싶은 문제들이 있었기에 동아리에 참여했지만, 막상 실천을 염두에 둔 문제를 꺼내는 데에는 어려움을 느꼈다. 선생님의 안내에 따라 '자신이 처하는 공간'을 중심으로 마인드맵을 그려 보기도 하고 '자신이 살아가는 시간'을 중심으로 하루 곡선을 그려 보기도 했다. 학생들이 불편하다고 생각하는 문제는 다양하게 나왔으나 자신이 진짜 해결해 보고 싶은 문제가 무엇인지, 마음속에서 꿈틀거리는 문제는 무엇인지에 귀 기울이도록 했다.

학생들이 개인별로 발견한 문제는 학급 전체 앞에서 발표했다. 학생들은 친구들의 발표 내용을 듣고 유사한 문제에 대해 공감한 친구끼리 모이기도 했고 다른 친구의 문제에 공감해서 팀을 이루기도 했다. 이렇게 그날그날 활동한 내용은 모두에게 공유하는 것이 동아리 활동의 원칙이 되었다."

활동 전에 생각해 보기

문제 발견은 쉽지 않다. 학생들과 체인지메이커 활동을 해 보면, 가장 어려워하는 부분이 문제를 발견하는 단계이다. 해결해 보고 싶은 문제를 가지고 온 학생들도 있지만 자세히 살펴볼수록 문제가 아닌 경우도 있다.

학생들의 관심에 따라, 수준에 따라 팀을 구성해 보자. 동아리 수준에서 체인지메이커 활동을 한다면 굳이 관심 없는 주제에 참여할 필요는 없다. 혼자 진행하더라도 관심 주제를 선택하도록 하는 것이 좋다. 다만, 학생의 수준을 고려하여 문제 해결 과정을 경험한 후 스스로 프로젝트를 진행하도록 유도할 수 있다.

조급함은 최대의 적이다. 체인지메이커 활동은 단기간에 성과를 내는 것이 아니다. 문제 발견이 더디더라도 깊이 있게 공감할 수 있는 시간을 부여하는 것이 좋다.

활동하기 체인지메이커들은 나와 세상의 모든 것들이 연결되어 있

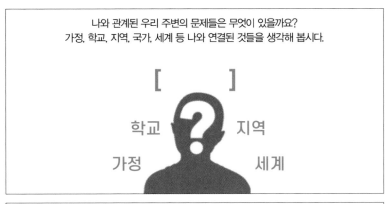

나와 관계된 우리 주변의 문제들은 무엇이 있을까요?
가정, 학교, 지역, 국가, 세계 등 나와 연결된 것들을 생각해 봅시다.

[   ]

학교   지역

가정   세계

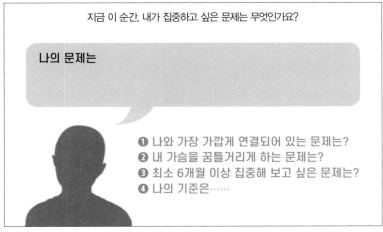

지금 이 순간, 내가 집중하고 싶은 문제는 무엇인가요?

나의 문제는

❶ 나와 가장 가깝게 연결되어 있는 문제는?
❷ 내 가슴을 꿈틀거리게 하는 문제는?
❸ 최소 6개월 이상 집중해 보고 싶은 문제는?
❹ 나의 기준은……

음을 알고 있다. 문제 발견하기 단계에서는 학생들이 자신이 처한 환경 속에서 어떤 문제들과 연결되어 있는지, 나는 어떤 영향을 받고 있는지 등을 살펴본다. 가정부터 세계적인 상황 속에서 나는 어떤 문제를 만나고 있고, 우리의 이웃들은 어떤 어려움을 겪고 있는지를 브레인스토밍

해 보도록 한다.

나열된 생각들을 살펴본 후 나와 가장 가깝게 연결되어 있다고 생각하는 문제, 내 가슴을 꿈틀거리게 하는 문제, 장기간 집중해 보고 싶은 문제를 기준으로 자신만의 문제를 선택하도록 한다. 그리고 개인별로 선정된 문제를 친구들과 공유하게 한다.

친구들이 선택한 문제를 확인한 후 자신과 비슷한 문제가 무엇인지 찾아보도록 한다. 문제가 완벽하게 같지 않더라도 주제가 같다면 하나의 팀이 될 수 있다. 비슷한 문제를 선택한 학생들은 한 공간에 모여서 보다 구체적인 대화를 나누어 보게 한다. 자신이 생각한 문제가 무엇인지, 문제를 왜 해결하고 싶은지, 어느 수준까지 문제를 해결해 보고 싶은지 등의 다양한 대화가 가능할 것이다. 물론, 진행 과정에서 팀이 분리될 수도 있다.

함께 하면 도움되는 활동들

나의 공간 속에서

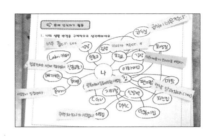

- 자신을 중심으로 자신이 이
  용하는 모든 공간을 마인드
  맵으로 그려 보도록 한다.
- 각각의 공간에서 겪게 되는 어려움과 불편함을 포스트잇으로 붙여
  보도록 한다.
- 자기 자신을 들여다보며 스스로에게 공감되는 문제를 선정해 보도
  록 한다.

나의 시간 속에서

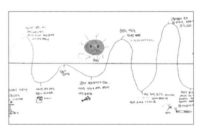

- 자신이 보내는 시간을 중심
으로 일과를 작성해 보도록 한다.
- 가운데 선을 중심으로 위쪽
은 자신에게 긍정적인 순간, 아
래쪽은 부정적인 순간들이다.

세계적 문제에 관심 있다면? '지속가능발전 목표SDGs'는 '지속 가능
한 지구의 발전'을 위한 국제적인 약속으로, 2015년 세계 유엔 회원 국

출처 : http://ncsd.go.kr/app/sub07/101.do

가들이 모여 합의한 17가지 목표이다. 관련 온라인 사이트에서는 각 상세 목표별 현황과 자료들을 제공하고 있다. 전 세계가 해결하고자 하는 공동의 목표들을 살펴보고, 자신의 지역사회에서 해결할 수 있는 문제들을 찾아보도록 할 수 있다.

지역 문제에 관심이 있다면? 지역별 민원 · 제안 게시판을 활용해 보도록 하자. 중앙정부 수준뿐만 아니라 각 지방자치단체에서는 주민들이 참여할 수 있는 민원 게시판을 운영하고 있다. 학생들은 자신이 거주하고 있는 지역에 어떠한 문제들이 제기되고 있는지를 확인하고, 공감이 되는 문제를 선택할 수 있다. 단, 학생들이 선택한 문제가 다른 사람들에게도 공감이 되는 진짜 문제인지를 분석해야 한다.

내가 배운 교과 내용들 중에서 찾는다면? 교과서 속에 등장하는 사회

문제들을 활용한다. 학생들은 교과 수업 시간을 통해 다양한 사회문제

들을 학습한다. 동아리 시간에 교과서를 펼쳐 놓고, 사회문제들을 찾아

본 후, 관심 있는 문제를 선택할 수 있다. 예를 들어, 환경문제는 각 과

목에서 가장 많이 언급되는 사회문제이다. 여러 과목의 교과서에서 설

명하고 있는 환경문제의 내용을 정리해 봄으로써 문제를 좀 더 깊이

있게 발견하도록 할 수 있다.

문제 발견을 위한 학습 도구를 활용한다면? '체인지메이커 수업 설계

카드'를 활용한다.(부록 참고) '체인지메이커 수업 설계 카드'는 문제 발

견하기 단계에서 학생들이 다양한 사회문제를 확인하게 하기 위해 제작된 카드다. 사회문제가 적힌 카드들을 펼쳐 놓고 자신이 알고 있는 것과 모르는 것을 구분해 보는 활동을 진행해 보자. 잘 모르는 내용이 적힌 카드에 대해서는 친구들과 대화를 통해 해결하거나 QR코드 인식을 통해 확인할 수 있다.

3. 문제 정의하기

"문제는 누구와 어떻게 연결되어 있고,
원인은 무엇인가요?"

체인지메이커
정체성 › 문제
발견하기 › 문제
정의하기 › 해결 전략
도출하기 › 실행하기 › 공유하기

학생의 이야기

"우리가 찾은 '학교 주변 간접 흡연 문제'가 친구들에게도 해결해야 한다고
생각되는 문제일까? 이를 알아보기 위해 우리는 공감 캠페인을 진행했습

니다. 우리 학교는 통학로가 정문, 후문 방향으로 나뉘어 있지만, 학생들의 70% 이상은 후문 쪽으로 다닙니다. 후문 통학로에 있는 대기업 건물의 흡연 구역에서 담배 연기가 흘러나오기 때문에 공감 캠페인 결과에서도 대부분의 친구들이 문제로 생각했어요. 스티커 붙이기를 통해 친구들의 의견을 묻기도 했지만, 직접 인터뷰를 통해서 이 프로젝트에 대한 의견을 듣기도 했어요. '우리가 하는 프로젝트가 성공할 수 있겠는가?'라는 질문을 받기도 했지만 많은 친구들에게 응원을 받았던 경험이었고, 더욱 용기를 낼 수 있었던 기회였어요."

선생님의 이야기

"학생들이 선택한 문제에 대해서 다른 사람들이 어떻게 생각하고 있는지를 파악하는 공감 캠페인을 진행하도록 했다. 캠페인을 하기 전에 학생들은 자신이 선택한 문제의 원인이 무엇인지 따져 봤다. 이러한 과정에서 정리된 내용을 다양한 방법으로 알리고 반응을 살펴보았다. 학생들은 설문 조사를 하기도 했고, SNS에 홍보를 하기도 했다. 대부분의 학생들이 인식 제고 캠

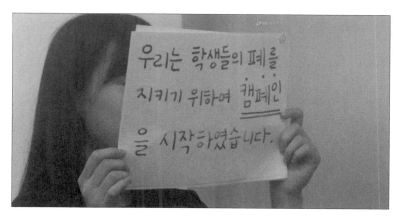

2015년 간접 흡연 프로젝트 사례

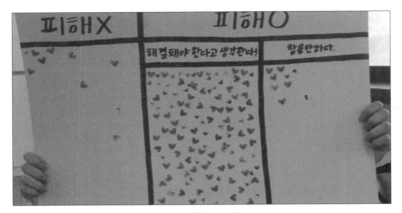

2015년 간접 흡연 프로젝트 사례

페인 결과를 통해 자신의 프로젝트를 지지받았다. 그러나 소수의 팀은 문제 선정 단위에서 다시 시작하는 경우도 있었다."

활동 전에 생각해 보기

'진짜 문제일까?'에 대해 생각해 보자.

- 문제와 관련된 사람들의 어려움을 좀 더 깊숙하게 살펴본다. 그들 과 공감하지 못한다면 진짜 문제를 찾기 어렵다.

'문제의 진짜 원인은 무엇일까?'에 대해 생각해 보자.

- 추상적인 원인 혹은 상상 속의 원인으로는 효과적인 해결책을 도 출하기 어렵다.
- 가급적 문제의 근본적인 원인을 분석해야 한다.

그래서 팀이 도달하고자 하는 잠정적인 목표는 무엇인가?

– 문제가 어느 정도 명확해졌다면 팀의 잠정적인 목표를 설정해 보
자. 목표는 구체적일수록 좋다.

팀이 생각하는 문제를 다른 사람들은 어떻게 생각하고 있을까?

– 여러분이 문제에 공감했다면 다른 사람들도 여러분의 문제에 공감
하는지를 파악해 보는 것이 좋다.

활동하기

팀의 문제를 중앙에 작성하고, 문제와 관련된 사람들을 자유롭게 브
레인스토밍해 보도록 한다. 예를 들어, 간접 흡연 문제에서는 학생, 환
경 미화원, 구청 직원, 회사 직원, 흡연 구역을 지나는 행인들, 학교 행
정실 직원, 교장 선생님 등을 작성할 것이다. 이들이 어떤 어려움 혹은
영향을 받고 있는지를 작성해 보고, 팀이 가장 집중적으로 살펴봐야 할
대상들을 선택한다. 문제와 관련하여 팀원들이 공감해야 할 대상이기
도 하다.

팀원들은 관련 대상들을 직접 만나서 인터뷰하는 것이 좋다. 질문지
를 사전에 간략히 작성하되 인터뷰 과정에서 대상자의 응답을 들으며
깊이 있게 내용을 묻는 것이 중요하다.

인터뷰, 설문 조사, 자료 검색을 통해 확인한 내용을 바탕으로 팀이
해결하고자 하는 문제가 무엇인지 정리해 보도록 한다. 그리고 그 문제

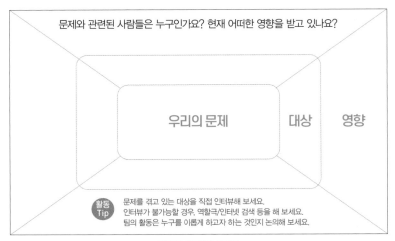

문제와 관련된 사람들은 누구인가요? 현재 어떠한 영향을 받고 있나요?

우리의 문제　　대상　　영향

활동 Tip 문제를 겪고 있는 대상을 직접 인터뷰해 보세요.
인터뷰가 불가능할 경우, 역할극/인터넷 검색 등을 해 보세요.
팀의 활동은 누구를 이롭게 하고자 하는 것인지 논의해 보세요.

문제와 관련된 사람들

가 지속된다면 어떠한 결과가 나타날지에 대해 작성해 본다. 예를 들어, 야외 흡연실의 간접 흡연 때문에 등하교하는 학생들이 불쾌감을 겪고 있는 문제가 지속된다면 비흡연자들의 심리적, 신체적 건강에 이상이 생길 수 있다는 예측을 해 볼 수 있다.

현재 받고 있는 영향이나 어려움뿐만 아니라 미래에 예측되는 어려움이 크다면 문제 해결의 필요성이 높은 문제일 것이다. 체인지메이커 활동을 단순한 호기심에서 출발했더라도 점차 문제의 심각성을 확인하고, 해결해야 할 문제를 분명히 파악할 필요가 있다. 아주 사소하게 느껴지는 문제라고 하더라도 방치했을 때 나타날 수 있는 결과를 예측해 보도록 하는 것이다.

팀이 집중하고자 하는 문제가 정해졌다면 문제의 원인을 따져 본

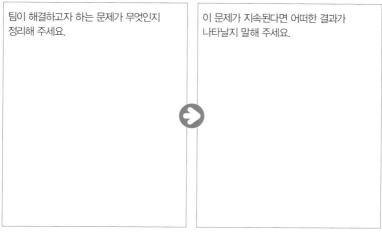

<table>
<tr><td>팀이 해결하고자 하는 문제가 무엇인지
정리해 주세요.</td><td>이 문제가 지속된다면 어떠한 결과가
나타날지 말해 주세요.</td></tr>
</table>

문제가 나타나고 있는 상황과 그 영향

다. 원인을 분석하는 방법은 다양하겠으나 앞에서 설명한 바와 같이 5why 방법을 활용해 본다. 이 방법은 다양한 원인을 나열하고, 그 원인이 발생하게 된 원인을 살펴보는 방법이다. 학생들은 하나의 문제 안에 다양한 원인이 복잡하게 연결되어 있음을 파악하게 된다.

학생들의 수준에 따라 원인을 깊이 있게 분석하는 것을 어려워하거나 분석 내용에 오류가 발생하는 경우가 있다. 그래서 선생님은 학생들이 가급적 다양한 원인을 나열하게 하고, 적절한 원인을 연결할 수 있도록 안내할 필요가 있다. 다음의 예시처럼 학생들이 쓰레기를 버리는 원인은 다양하다. 각 팀은 수준과 상황에 따라 집중하고자 하는 원인을 선택할 수 있다.

시간이 된다면, 팀의 체인지메이킹이 성공을 거두었을 때의 상황을 이 문제가 발생하는 원인은 무엇인가요? 문제와 관계된 근본 원인을 찾아보세요.

❶ 원인 : _____
⇨ _____

❷ 원인 : _____
⇨ _____

❸ 원인 : _____
⇨ _____

❹ 원인 : _____
⇨ _____

❺ 원인 : _____
⇨ _____

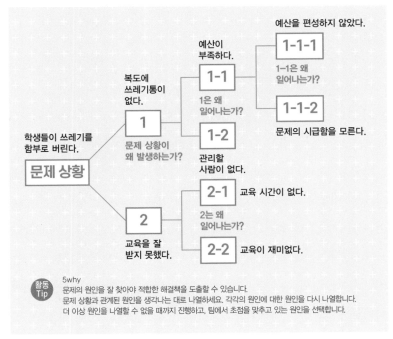

문제의 원인 찾기

팀 프로젝트가 성공을 거두게 되면 어떤 상태가 될까요?
팀이 도달하고자 하는 최종 목적을 말해 주세요.

SOCIAL
FICTION

내가 바라는 것. 1차 소셜 픽션

상상해 보는 활동을 진행하는 것도 좋다. 이것은 팀의 이상적인 목적이기도 하다. 일종의 소셜 픽션Social Fiction, 즉 이상적인 미래를 상상해 보는 것이다.

어느 정도 문제가 명확해졌다면 각 팀이 생각하는 문제가 다른 사람들에게도 문제라고 생각되는지를 확인해 본다. 여기서는 '문제 공감 캠페인'이라고 표현한다. 문제에 대해서 공감하는지를 확인하는 것이다. 다른 사람들에게 알리기 전과 후의 마음, 생각 등을 비교해 본다.

학생들은 문제에 대한 확신이 있더라도 의외로 다른 사람들에게 문제를 알리는 것을 어렵게 생각한다. 다른 사람들에게 문제를 알리기 위해서는 팀 스스로가 문제를 명확히 이해해야 한다. 그리고 안전지대 safety zone에서 다소 위험한 지대 혹은 낯선 지대로 갈 수 있는 용기도 있어야 한다. 처음엔 어렵다고 생각한 학생들도 막상 시작하고 나면 가장 흥미 있고 보람 있게 생각하는 활동이 바로 문제 공감 캠페인이다. 그리고 자신의 활동에 자신감을 얻게 되는 활동이기도 하다.

팀이 해결하고자 하는 문제에 대해 다른 사람들은 어떻게 생각할까요? 진짜 문제라고 생각하나요?

❶ (Before) 팀의 문제를 다른 사람들에게 알리기 전의 마음은 어떠한가요?

❷ (After) 팀의 문제를 다른 사람들에게 알리고 난 후의 마음은 어떠한가요?

❸ (In progess) 팀의 문제에 대한 반응은 어떠한가요?
팀원들과 결과를 공유하고 프로젝트를 수정해 봅시다.

공감지수

◀──────────────────────────────▶

전혀 공감 안 됨   매우 공감

 활동 Tip

문제 공감 캠페인
활동하기 전에 만날 장소와 대상을 논의해 보세요. 캠페인은 개별적으로 진행해 보세요.
상대방의 의견을 기록하고 공감 정도를 받아 보세요.

문제 공감 캠페인(1차)

함께 하면 도움되는 활동들

소셜 픽션social fiction '소셜 픽션'은 과학적 상상을 통해 발명품을 만들듯이 사회적 상상력을 통해 사회문제를 해결하자는 개념이다. 우선 팀원들이 앞에서 나눈 회의 내용을 바탕으로 이루고 싶은 사회를 상상해 보도록 한다. 이때 함께 글을 쓰거나 그림을 그릴 수 있다. 여기서는 구체적인 전략이 드러나지 않아도 좋다. 다음 단계에서 이 그림을 구체화할 수 있다.

인간 조각상 인간 조각상은 팀원들의 협력을 통해 특정 주제를 몸으로 표현하는 활동이다. 체인지메이커 활동에서 다양하게 활용할 수 있지만 여기서는 팀이
도달하고자 하는 상태를 몸으로 표현해 본다. 먼저 서로 말하지 않은 상태에서 앞 사람이 몸으로 표현한 스토리를 파악하고 이상적인 상태를 표현한다. 청중은 상대 팀의 표현을 바라볼 뿐 질문하지 않는다. 여기서는 공감이 중요하다.

공감의 표시 상대방에게 공감의 정도를 확인하는 방법은 다양하다. 앞에서 본 바와 같이 공감지수로 표현하는 방법도 있다. 공감의 정도를 수치로 받을 필요는 없다. 상대방과
의 대화를 통해 팀의 문제에 대한
공감 정도를 파악할 수도 있다. 경
우에 따라, 후원금을 받도록 할 수
도 있다.

온라인 설문 활용　사람들을 직접 만나서 공감의 정도와 반응을 살피
는 것은 체인지메이커 활동에서 매우 중요하다. 그러나 상황에 따라 온
라인상에서 반응을 살피는 것이 효율적일 수 있다. 이럴 경우, 구글, 액셀
온라인 설문 도구를 활용하면 효과적이다. 구글과 마이크로소프트 계정
이 있을 경우, 설문지를 작성한 후 온라인으로 주소(링크)를 보내 보자.

체인지메이킹 캠프

체인지메이킹 캠프는 실행을 앞둔 학생들에게 그동안의 활동을 돌아보고, 실행을 위한 동력을 제공하는 데 도움이 된다. 물론, 학생들간의 화합과 친목을 도모하는 효과도 있다. 처음엔 자신이 하고 있는 프로젝트를 더욱 깊이 있게 탐구하고 해결책을 찾아보는 방식으로 캠프를 운영해 보니, 학생들은 1박 2일을 함께하며 자신의 프로젝트에 몰입하는 경험을 의미 있게 생각하였다.

또한, 해결책 실행을 함께 할 멘토 선생님을 직접 선택한 것도 큰 효과가 있었다. 학생들이 직접 도움을 요청한 선생님과 1박 2일을 함께하며 깊은 얘기를 나눌 수 있었고, 체인지메이킹에 대해 잘 몰랐던 선생님들이 학생들의 열정과 지금까지 진행해 온 활동을 이해할 수 있는 계기가 되었다.

체인지메이킹 캠프

체인지메이킹 캠프는 다양한 방식으로 운영이 가능하다. 동아리 활동이 여러 해 진행되었다면 학생들이 직접 체인지메이킹 캠프를 기획하고 진행할 수도 있다. 학생들이 필요로 하는 것이 무엇인지를 프로그램에 반영하기 때문에 효과적이다.

4. 해결책 도출하기

"문제를 어떻게 해결할 것인가요?"

체인지메이커   ⇨   문제   ⇨   문제   ⇨   해결 전략   ⇨   실행하기   ⇨   공유하기
정체성   발견하기   정의하기   도출하기

학생의 이야기

"우리 팀은 매주 목요일마다 프로젝트 회의를 했어요. 친구들에게 공감 받은 문제이긴 하지만 문제를 해결하는 과정은 쉽지 않았던 것 같아요. 우리

는 문제를 해결하는 데 필요한 사람과 자원들을 찾기 시작했어요. 해당 구청에 우선 전화를 해서 규정을 검토했고요. 그래서 흡연 구역에 대한 관리감독을 약속 받았어요. 우리는 곧 해결될 것이라고 생각했지만 개선되는 모습이 나타나지 않았어요."

선생님의 이야기

"학생들이 가장 어려워하는 문제 발견 및 정의하기 단계를 지나 해결책을 생각해 보는 시간에 이르렀다. 여기까지 오는 데 한 학기가 걸렸다. 물론, 더딘 과정을 참지 못하고, 해결책을 서둘러 실행한 팀들도 있었다. 그러나 이런 팀들은 대체로 빠른 실행만큼이나 빠른 실패를 맛보기도 하였다. 정확히 무엇이 문제인지를 파악하지 못한 해결책은 이벤트로 끝나는 경우가 많았다. 작은 해결책이라도 문제를 깊이 살펴본 프로젝트들은 다른 사람들에게 강한 인상을 남기기도 하였다.

학생들은 해결책을 도출하는 것에 흥미를 느꼈지만 의외로 쉽지 않은 과정이라는 것을 실감했다. 문제의 원인을 깊이 있게 따져 봤지만 학생들이 경험한 해결책의 범위가 넓지 못한 탓이기도 하다. 우리 학생들이 프로젝트를 수행하고 있는 순간에는 학생으로서가 아니라 체인지메이커로서 다양한 상상을 풀어놓고, 다양한 사례를 경험할 수 있도록 해야 할 것 같다."

활동 전에 생각해 보기

팀의 문제, 원인과 관련한 가장 적절한 해결책은?

팀이 도출한 해결책을 선택하는 기준과 방법은?

활동하기

앞 단계에서 팀의 문제와 원인이 정해졌다면 다양한 해결책을 브레인스토밍해 본다. 가능한 많은 해결책을 나열하는 것이 좋다. 개인별로 아이디어를 발산한 뒤 팀 전체의 아이디어를 모아 보도록 한다. 이때, 유사한 아이디어들을 하나로 통합한다.

우리의 문제를 해결하기 위한 방법에는 무엇이 있을까요? 마음껏 상상해 보세요.

우리의 문제

혼자 상상하기

팀의 아이디어를 모아 보세요. 비슷한 것 혹은 위계가 있는 것들을 하나로 묶어 보세요. 그리고 다음의 기준을 참고해서 최종적으로 2~3개의 해결 아이디어를 선정해 보세요.

- 이 해결책은 문제를 근본적으로 해결하는 데 도움이 되나요?
- 이 해결책은 실행이 용이한가요?
- 이 해결책은 팀원들이 즐겁게 참여할 수 있게 하나요?
- 팀의 기준 :

함께 상상하기

　많은 아이디어들이 도출되었다면 몇 가지 기준에 따라 아이디어를 수렴한다. 예를 들어, 각 해결책이 문제를 근본적으로 해결하는 데 도움이 되는지, 실행이 용이한지, 팀원들이 즐겁게 참여할 수 있는지, 문제의 원인과 관련한 해결책인지, 실현 가능한지 등이 기준이 될 수 있다. 예시 기준을 참고하여 팀원들이 직접 기준을 세워 보는 것도 좋은 방법이다.

　팀의 기준에 따라 최종적으로 남은 2~3개의 아이디어를 분석한다. PMI 분석*, SWOT** 분석 등 다양한 방법을 활용할 수 있다. 학생들의 수준에 따라 변형하여 사용할 수 있으나 중학교 수준에서는 강점과 약

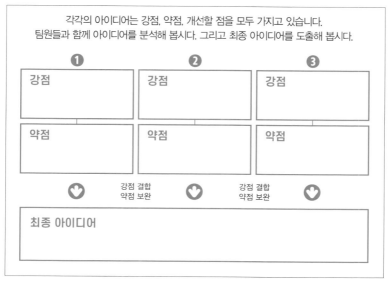

각각의 아이디어는 강점, 약점, 개선할 점을 모두 가지고 있습니다.
팀원들과 함께 아이디어를 분석해 봅시다. 그리고 최종 아이디어를 도출해 봅시다.

❶

❷

❸

| 강점 | 강점 | 강점 |

| 약점 | 약점 | 약점 |

강점 결합
약점 보완

강점 결합
약점 보완

최종 아이디어

각 아이디어에 대한 강점, 약점 분석

점을 분석한 후 선택하고자 하는 아이디어의 약점을 어떻게 보완할 수 있는지를 생각해 보고 최종 아이디어로 선택하게 한다.

최종적인 아이디어가 결정되었다면 구체적인 전략을 세운다. 구체적인 전략은 학생들이 최종 아이디어를 실현시키기 위해 '해야 할 것'과 '알아야 할 것'으로 구분한다. 이 두 가지를 한꺼번에 할 수도 있다. 다만, 문제 해결의 실행이 반드시 행동으로만 나타나는 것이 아니라 무엇

• P: Plus(장점), M: Minus(약점), I: Interesting(흥미로운 점)
•• S: Strength(강점), W: Weakness(약점), O: Opportunity(기회), T:Threat(위협)

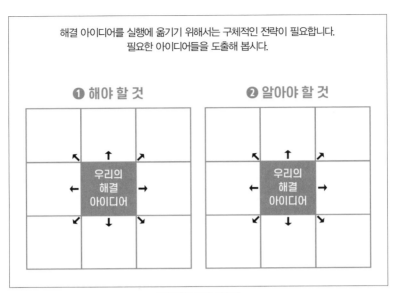

해결 아이디어를 실행에 옮기기 위해서는 구체적인 전략이 필요합니다.
필요한 아이디어들을 도출해 봅시다.

❶ 해야 할 것

❷ 알아야 할 것

우리의
해결
아이디어

우리의
해결
아이디어

구체적인 전략 세우기

인가를 학습하는 것도 포함된다는 것을 강조한다. 위의 예시에서는 연
꽃 기법을 활용하여 최종 아이디어를 중심에 두고 관련 아이디어들을
주변에 나열하도록 하였다.

　해야 할 것과 알아야 할 것 등이 정해지면 우선순위에 따라 구체적으
로 실행 계획을 세운다. 실행 계획에서는 누가, 언제, 무엇을, 어떻게 할
것인지를 정한다. 또한, 필요한 자원이 무엇언지, 어떻게 확보할 것인
지를 논의하고 실행 계획에 반영하는 것이 좋다. 실행에 옮기기에 앞서
다양한 상황을 예측해 보고 필요한 자원을 확보하는 것은 효율적인 실
행을 가능하게 한다.

도출된 아이디어들을 우선순위에 따라 정리하고, 시기, 역할, 확보 자원 등을 작성해 보세요.

순번	할 일	담당	필요한 자원	기간

실행 계획 세우기

실행 계획이 세워지면 본격적인 실행에 앞서 해결 전략에 대한 공감 캠페인을 진행해 본다. 문제 발견이나 문제 정의 단계에서 하는 공감 캠페인이 문제 자체에 대한 다른 사람들의 반응을 살피는 일이라면, 이 단계에서의 공감 캠페인은 해결 전략에 대한 공감 여부를 살피는 것이다. 소집단에서 작은 규모로 실행해 보는 것도 좋은 방법이다. 다른 사람들의 반응을 기록하고, 수정·보완하여 팀의 해결 전략을 확정한다.

팀의 해결 전략이 최종적으로 정해지면 팀의 구체적인 목표를 세운다. 문제 정의 단계에서 이상적인 목표, 잠정적인 목표를 세웠다면 여기에서는 구체적인 목표, 실질적인 목표를 세우는 것이다. 해결 전략이 팀이 실행하고자 하는 해결 전략에 대해 다른 사람들은 어떻게 생각할까요?

❶ 대상:

❷ 대상:

❸ 대상:

공감지수

← ────────────────────────────── →

전혀 공감 안 됨   **매우 공감**

활동 Tip
해결 전략 공감 캠페인
활동하기 전에 만날 장소와 대상을 논의해 보세요. 캠페인은 개별적으로 진행해 보세요.
상대방의 의견을 기록하고 공감 정도를 받아 보세요.

해결 전략 공감 캠페인(2차)

정해졌기 때문에 구체적이고 현실적이며, 달성 가능한 목표를 세울 수
있다. 이때, SMART 목표 수립 방법을 활용한다.

팀이 실행하고자 하는 해결 전략에 대해 다른 사람들은 어떻게 생각할까요?

Specific : 구체적인   정확히 무엇을 하려고 하는가?

Measurable : 측정 가능한   성공을 측정할 수 있는 방법이 있는가?

Achievable : 달성 가능한   목표는 해낼 수 있는 일인가?

Realistic : 현실적인   상황을 고려했을 때, 현실적인 목표인가?

Timely : 시기가 구체적인   언제까지 목표를 달성할 것인가?

팀의 목표

팀의 목표 세우기

함께 하면 도움되는 활동들

1day / 7day / 30day   장기 프로젝트를 구체적으로 기획하는 것은
쉽지 않다. 대강의 기간 동안 해야 할 일을 나누어서 실행 계획을 자유
롭게 세우도록 할 수 있다. 하루 안에, 일주일 안에, 한 달 안에, 해야 할

1	7	30

일들을 대강 나누어서 활동을 구분해 보도록 한다. (기간 구분은 상황에 따라 달리 할 수 있다.)

우정 톡톡! 역량 쑥쑥! 프로젝트 실행 과정에서 필요한 역량들이 있다면 적합한 교육 경험을 제공해 주도록 한다. 이때, 교내에 계신 선생님들 중에서 먼저 섭외해 보자. 만약, 예산이 확보된다면 외부 전문가를 초빙할 수도 있다.

5. 실행하기

"그럼, 해결을 위한 행동을 시작해 볼까요?"

체인지메이커 ▷ 문제 ▷ 문제 ▷ 해결 전략 ▷ 실행하기 ▷ 공유하기
정체성 　　　발견하기 　　정의하기 　　도출하기

학생의 이야기

"회의를 거듭한 끝에 직접 OO기업의 담당자를 만나기로 했어요. OO기업 담당자에게 우리가 겪는 문제에 대해 설명했고, 흡연 장소 이전에 대한

의견을 전달했어요. 다행히도, OO기업은 우리의 목소리에 귀 기울여 주셨고, 적어도 등하교 시간만큼은 해당 장소에서 흡연하지 않도록 흡연자들에게 적극 홍보하기로 했어요. 흡연 장소에 홍보물도 제작하여 붙여 주셨고요. 우리는 한 동안 흡연자들이 정해진 시간을 잘 지키고 있는지 팀을 나누어 점검했고, 우리가 선택한 간접 흡연 문제가 어느 정도 해결되었다고 판단했어요."

선생님의 이야기

"학생들은 실천에 능하다. 아니 능하다기보다는 실천 지향적이다. 어른처럼 깊이 있게 다양한 상황을 고려하기보다는 일단 부딪혀 보자는 생각으로 프로젝트에 임한다. 어른의 눈으로 봤을 때에는 아쉬움이 보이지만 한 해, 두 해를 지나 보니 아이들은 그러한 과정을 통해 학습한다는 것을 인정하게 되었다. 상상만으로는 공허함과 지루함을 느끼는 모양이다. 프로젝트에 따라 한 번의 실행이 많은 사람들에게 영향을 미치는 경우도 있기 때문에 조심스럽기도 하지만, 그렇지 않은 경우라면 아이들에게 잦은 실행과 실패는 오히려 프로젝트를 더욱 탄탄하게 하는 동력이 된다. 물론, 실패를 통해 좌절하고 프로젝트를 중단하는 경우도 있다."

활동 전에 생각해 보기

팀의 실행은 계획대로 진행되고 있나?

어떤 어려움이 발생했고, 어떻게 극복했나?

자신의 행동에 대해 평가(성찰)해 보고, 다음 행동에 반영해 보세요.

❶ 날짜 :

❷ 날짜 :

❸ 날짜 :

❹ 날짜 :

행동–평가–행동–평가……

실행 과정을 기록하고 있나?

활동하기

계획한 내용들을 실행하는 단계이다. 팀이 공동으로 혹은 개별적으로 맡은 역할을 실행한다. 팀의 해결책에 따라 다양한 실행이 진행된다. 팀원들은 각자가 실행한 내용들을 잘 기록하고 공유하는 것이 좋다. 한 번의 실행으로 변화가 나타나기는 어렵다. 팀의 실행으로 조금씩 나타나는 변화들을 관찰하고 기록하여, 팀의 실행 전략이 적중하고 있는지 혹은 수정·보완할 것은 없는지를 지속적으로 체크하는 것이 좋다.

함께 하면 도움되는 활동들

실행 멘토 섭외 팀의 실행을 가장 가까이에서 도와줄 멘토를 섭외해 보도록 한다. 학생들에게는 언제든지 편하게 연락하고, 조언을 구할 수 있는 멘토가 필요하다. 멘토는 학생들의 프로젝트를 대신해 주는 사람이 아니다. 응원과 조언을 구해 보도록 한다.

온라인 피드백 팀별로 온라인 활동 공간을 마련해 주자. 팀원들 간에 활동 과정과 결과를 공유하고 소통할 수 있다. 멘토 교사 혹은 지도교사는 학생들의 활동을 모니터링하고 적절한 피드백을 제공할 수 있다. 페이스북 그룹, 카카오톡, 네이버 밴드, 위두랑, 클래스팅 등이 있다.

6. 공유하기

"우리의 체인지메이커로서의 여정을
많은 사람들과 나눠 볼까요?"

체인지메이커 ⇨ 문제 ⇨ 문제 ⇨ 해결 전략 ⇨ 실행하기 ⇨ 공유하기
정체성　　　발견하기　　정의하기　　도출하기

학생의 이야기

"우리는 일 년에 두 번 공유회를 가졌어요. 1학기 말에는 문제 발견부터 인
식 제고 캠페인 단계까지 활동했던 것들을 정리하고, 다른 친구들에게 공유

했어요. 한 학기 활동을 정리하는 의미도 있었지만, 앞으로 어떻게 진행할지에 대한 아이디어를 친구들에게 받을 수 있어서 좋았어요. 친구들은 우리의 프로젝트에 대해 갖고 있는 질문과 아이디어를 종이에 적어서 전달해 주었고, 정말 좋은 의견에 대해서는 감사를 표현했어요. 2학기에도 공유회를 했는데, 이때에는 자치 시간에 전체 학생들이 강당에 모였어요. 전체 학생들 앞에서 발표하는 거라 긴장이 많이 되었지만, 1년 간의 체인지메이킹 활동을 돌아보며 뿌듯했던 것 같아요. 공유회를 통해 더 많은 친구들, 후배들이 체인지메이커 활동에 대해 관심을 갖게 되었고, 새로운 학생들이 동아리에 가입하게 되었어요. 의미 있는 변화를 만들어 가는 우리 동아리가 자랑스러워요."

선생님의 이야기

"학생들은 12월 말에 진행하는 실천 공유회에서 사례를 나누는 데 참여해야 한다. 이때에는 전교생 앞에서 자신의 프로젝트를 설명했다. 팀별로는 한 해의 프로젝트를 마무리하는 시기이기도 하지만 청중으로 참여한 학생들에게는 발표한 팀의 프로젝트에 참여해 보고 싶은 욕구를 북돋는 자리이기도 하다. 실천 공유회는 청중의 질의응답과 새로운 동아리 부원을 모집하는 기회로 활용하였다.

변화를 만든다는 것은 쉬운 일이 아니다. 지금 나의 실천이 변화를 만들어 냈다고 말할 수 있는지는 모르겠다. 다만, 나는 모두가 체인지메이커가 되는 세상을 만드는 데 교사로서 기여할 수 있는 바를 실천할 뿐이다. 그리고 그러한 교육이 가능하기 위한 학교 문화를 만드는 데 노력할 뿐이다. 아직 가지 않은 길, 모두에게 익숙하지 않은 길은 외롭고 힘들기도 하다. 그러나 옳은 길이고 정의로운 길이며 온전한 행복을 누리는 길이라고 확신한다. 이러한 길을 함께 걷는 사람들이 나 혼자만 아니라 지금 이 글을 읽고 있는 당신이 함께하고 있음을 알기에 당당히 걸어갈 수 있다."

활동 전에 생각해 보기

체인지메이킹 과정과 결과를 어떻게 공유할 것인가?

체인지메이킹 공유에 어떤 내용을 담을 것인가?

체인지메이킹 공유를 어떻게 활용할 것인가?

활동하기

체인지메이킹은 성공과 실패를 떠나서 그 활동을 실행했다는 것에서부터 의미를 찾을 수 있다. 어느 부분에서 성공과 실패를 경험했는지를 진솔하게 성찰하는 것은 팀이 앞으로 체인지메이킹을 지속하는 데 도움이 된다. 또한, 다른 사람들이 유사한 시도를 하고자 할 때 도움이 될 것이다. 무엇보다 공유는 그 자체만으로도 체인지메이킹에 동참하게 하는 효과가 있다.

순번	공유 방법(발표, SNS, 블로그 등)	공유할 내용	주 담당자	기간

팀의 활동 과정과 결과를 어떻게 공유할지 정해 봅시다.

공유 기획하기

동아리에서 진행할 경우, 공유회를 학생들이 스스로 기획하도록 한다. 학생들은 토크콘서트 방식, 강연 방식, 시사회 방식 등으로 다양하게 운영할 수 있다. 공유회를 진행하기 전에 동아리 수준에서 기획 회의를 진행하는 것이 좋다.

함께 하면 도움되는 활동들

청중과의 질의응답 체인지메이커
활동 공유회에서는 일방적인 전달
이 아닌 청중과의 소통을 중요하게
생각한다. 발표를 하고 난 후 반드시
청중과의 질의응답 시간을 가져 보

게 한다. 좋은 질문을 한 사람을 발표자가 선정해서 작은 선물을 주는
것도 좋다.

소감문과 지원서 체인지메이
커 활동 공유는 다른 학생들의
마음을 움직인다. 청중들이 느
낀 바를 들어 보고, 다음 학기
혹은 학년 체인지메이커 활동
지원서를 받아 보도록 한다.

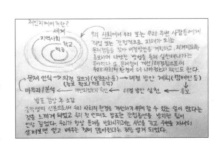

학생 체인지메이커가 된다는 것은

2017.7.2.

학생 체인지메이커가 된다는 것은 자신이 삶의 주인임을 발견하고 내 안에서 꿈틀거리는 그 무언가에 귀를 기울이는 것이다. 그리고 그 꿈틀거림의 주체와 대화를 시작한다. 대화는 행동이 되고, 행동이 되고, 행동이 되고…… 우리의 행동이 된다. 나의 행동은 또 다른 사람에게 울림이 된다. 체인지메이킹 프로젝트를 끝으로 한 학기 수업이 마무리되어 간다. 아이들의 행동은 자신이 주인임을 발견했는지, 귀 기울임에 집중했는지. 그리고 대화에 충실했는지, 용기 있게 행동했는지에 따라 각양각색이었다. 그러나 어느 때보다 교사인 나의 눈에 꿈틀거림의 씨앗이 심어진 아이들이 눈에 보인다. 아이들을 보며 나의 몇 년간을 되돌아본다.

새싹과 줄기의 만남

2017.12.14

10년 전 제자는 중학교 시절부터 좋은 에너지를 좋은 곳에 쓰면서 커 갔다. 새싹을 틔우고 건강한 줄기로 자란 제자는 첫 번째 열매를 맛볼 준비를 하고 있다.

체인지메이킹을 처음 경험한 지금의 제자들은 작은 새싹을 틔웠다. 자신이 체인지메이커라는 뿌리를 인식하고 세상 밖으로 나오기까지 험난한 여정을 했다. 앞으로가 더더욱 험난하리라 예상되지만, 첫 경험을 즐겼던 녀석들이 대견할 뿐이다.

교사는 제자들이 성장하는 것에 보람과 희열을 느끼는 사람들이다. 건강한 줄기로 자란 제자와 마냥 즐거운 새싹 제자들. 그들의 첫 만남에서 어색함 없이 대화를 나눌 수 있었던 것은 비슷한 뿌리가 자라고 있기 때문 아닐까? (물론, 선생님과의 웃지 못할 에피소드를 자기들끼리 공유한 것도 한몫했겠지만).

지금의 새싹들이 훗날 또 다른 새싹들과 만날 날을 기대해 본다.

학생 체인지메이커들의 토크콘서트
2017.12.21.

청소년 성문화, 성교육 실태를 드러내고, 인식 변화에 나선 아이들. 친구들이 수행평가를 하고 있던 기간에도 주말마다 거리로 혹은 협업의 장으로 나섰던 아이들.

그런 아이들을 보며 나도 해 보고 싶다는 친구들.

어쩌면 우리의 교육 체제에서 이해할 수 없는 일일 수 있다.

아직 부족함이 많지만 망설이지 않고 Go하겠다는 아이들. 내 안의 '체인지메이커성'을 발견하고 발휘하는 아이들을 통해 함께하는 어른이 되어야겠다는 생각이 더 강해진다.

체인지메이커 교사들을 위한 몇 가지 노하우

2018.6.23.

체인지메이킹을 학교에서 실천하면서 가졌던 생각은 모든 학생들이 체인지메이커로서 자기 인식을 하게 하자는 것이었다. 나에게 체인지메이커 동아리는 어쩌면 프로토 타입으로 시작된 것인지 모르겠다. 그러나 하나의 동아리가 바꾼 것들은 생각보다 많다.

동아리 학생들 스스로가 체인지메이커로서 경험하고 미래를 그렸다는 것이고, 다른 학생들에게도 참여를 통해 학교와 사회를 변화시킬 수 있다는 사례를 보여 주었다. 물론 선생님들에게도 미치는 영향이 컸을 것이다. 따라서 체인제메이킹을 학교에 도입하고자 하는 선생님들께 드리는 첫 번째 노하우는 평소 수업을 통해 이러한 정신, 문화를 소개하고 자율 동아리로서 시작해 보는 것이다.

두 번째 노하우는 체인지메이커는 학생과 관련된 사람들과 함께해야 한다는 것이다. 가장 대표적으로는 친구, 학부모, 교장 선생님 등이다. 공유회가 있을 때마다 친구와 함께 오도록 권유하는 것, 체인지메이커 캠프에서 학부모 간담회 시간을 갖는 것, 프로젝트 진행 과정에서 교장 선생님과 면담하기 등은 학생들의 프로젝트 수행에도 도움이 될 뿐만 아니라 체인지메이킹 문화를 확산하는 데에도 도움이 된다.

세 번째 노하우는 체인지메이킹을 함께할 단짝 동료를 찾는 것이다. 동료는 남녀노소 누구나 가능하다. 조금만 관심을 갖는다면 세상을 좀 더 아름답게 만들고자 하는 데 적극성을 보이는 동료가 분명히 있을 것이다. 이러한 동료에게 지금 읽고 있는 책을 선물하는 것, 체인지메이커 교사 모임, 학생 공유회 등에 함께 가자고 권유하는 것 등은 함께 시작하는 계기가 된다. 동료가 반드시 교사가 아닐 수 있다. 든든한 학생도 동료가 될 수 있다. 스승과 제자의 관계, 어른과 아이의 관계가 아닌 시민 대 시민, 체인지메이커 대 체인지메이커의 관계로 생각한다면 누구나 동료가 될 수 있다. 그러나 이러한 동료가 하루 아침에 내 앞에 나타나지는 않는다. 체인지메이킹을 실천하고자 하

는 교사는 시간을 갖고 함께하고 싶은 동료에게 공들이는 시간이 필요하다.

독일 체인지메이커 학생들과의 만남

2018.7.26.

독일 교육의 혁신 모델로 주목받는 ESBZ.

그곳의 학생들이 우리 학교 체인지메이커들을 만나러 왔다. 자신이 직접 학교를 소개하고, 자신들의 활동을 설명했다. 그 학생들이 꼽은 가장 인상적인 수업은 '책임감 수업'(일종의 사회참여&봉사 활동)'과 '도전 활동(3주간 스스로 선택한 과제 참여)' 이었다.

왜일까? 그들은 다양한 활동 중에서 왜 두 가지를 이야기하기 위해 수천 킬로미터를 날아왔을까?

주인 욕구와 주인력

ESBZ학생들은 '도전활동'을 통해 삶의 주체로서 다소 힘든 과제를 스스로 선택한다. 선택하고 주도하고 책임지고 싶어하는 주인 욕구의 발현이고 주인 욕구의 실현이다.

한편, '책임감 수업'은 사회의 주인으로서 기여하고자 하는 욕구의 발현이고 이를 실현하는 과정에서의 짜릿함을 맛보게 한다.

개인적 삶의 주인, 사회적 삶의 주인으로서의 학습 경험 그리고 학습환경. 이는 아이들이 기억하는, 남에게 자랑하고 싶은 경험이었다. 그렇다면 어른들은 어떤 경험을 학생들에게 제공해야 할까?

4장

학생들의
체인지메이킹 이야기

학생들이 기록하고, 발표한 체인지메이커 공유회 자료들을 재구성한 이야기이다.
실행 과정을 정리한 상태라 부족함이 엿보이지만
학생들의 상황과 수준에서 성실하게 성찰한 이야기이다.

1. 청소년의 공정 무역 인식 개선과
공정 무역 제품 확산

–수업 시간에서 동아리 활동으로(2015~2017년)

주제 선정 배경

우리는 3학년 사회 시간에 공정 무역에 대해 다음과 같은 내용을 배웠습니다.

"공정 무역이란 경제 선진국과 개발도상국 간 불공정 무역 구조로 인해 발생하는 부의 편중, 환경 파괴, 노동력 착취, 인권 침해 등의 문제를 해결하기 위해 대두된 무역 형태이자 사회운동이다. 다시 말하면 다국적기업 등이 자유무역을 통해 이윤을 극대화하는 과정에서 적정한 생산 이윤을 보장받지 못한 채 빈곤에 시달리는 개발도상국의 생산자와 노동자를 보호하기 위해서 발생한 대안적 형태의 무역이다."

따라서 공정 무역은 현재의 불공정한 무역 질서를 개선하고, 환경 친화적인 상품을 생산하는 데 기여할 수 있는 형태입니다. 하지만, 우리 생활에서 공정 무역 제품이 보편화되지 않고 특히 청소년들이 공정 무역 제품을 거의 모를 뿐만 아니라 사용하지 않는다는 점에서 '어떻게 하면 공정 무역 제품에 쉽게 접근할 수 있을까?'라는 생각이 들었습니다. 이것이 우리가 프로젝트를 시작하게 된 계기가 되었습니다.

왜 공정 무역이 함께 잘사는 세계를 만들기 위한 하나의 대안이 될 수 있는지 간단히 살펴보겠습니다. 세계화의 발전으로 여러 국제기구들이 생겼고 이 국제기구들의 중심은 선진국입니다. 그래서 기본적으로 선진국의 이익에 따라 움직이고, 이익을 만들기 위해 불공정한 무역을 합니다. 그 예로 가난한 나라의 시장을 지키는 최소한의 관세도 없애자고 주장합니다. 관세가 없어지면 외국의 물건을 싸게 수입할 수 있고, 사람들의 구입도 늘 것이므로 당장에는 도움이 되지만, 모두가 함께 잘사는 미래를 생각한다면 옳지 않은 결정입니다. 최근의 사례들을 살펴보면 개발도상국의 경우, 식량 작물 농사를 짓는 것이 큰 수입을 올리지 못해 점점 코카인과 같은 마약들의 원료가 되는 코카나무나 아편들을 재배한다고 합니다. 불법 마약 거래의 규모는 4000억 달러로 추정되며 이는 세계 관광 시장 규모보다 큽니다. 경제 사정이 좋지 않은 농민들은 수입이 더 큰 마약 산업으로 빠져들게 되고 이것마저도 최소한의 생활 유지 수준의 이익을 얻지 못합니다. 세계는 개발도상국을 위해 원조를 지속적으로 하고 있습니다. 하지만 이런 원조들은 여러 문제점이 제기됩니다. 우선 식량 원조를 한다면 그 나라의 농업이 자립

할 기회를 빼앗아 갑니다. 학교를 설립해 준다면 배운 것들을 활용할 일터가 없어 큰 영향력이 부족합니다. 잘못된 사회구조를 가진 나라는 독재자와 지배 계층이 돈을 가로채는 일이 허다합니다. 그래서 원조보다는 자립으로 생산자 스스로 단체를 만들어 자신들의 권리를 지켜 나가기 위해 공정 무역이 시작되었습니다.

이런 공정 무역은 좋은 취지에서 시작되었지만, 아직까지도 많은 사람들이 공정 무역 제품을 사용하지 않고 있습니다. 그 이유 중 하나는 공정 무역 제품의 보급이 활성화되지 않았다는 것인데, 특히 청소년인 경우 주변에 공정 무역 제품을 체험할 수 있는 곳이 없습니다. 청소년이 공정 무역에 관련된 인식을 갖거나 바꾼다면 미래에 성인이 되어 공정 무역 제품의 사용을 더 손쉽게 할 수 있기 때문에, 청소년의 공정 무역 인식을 개선하고 공정 무역 제품이 확산될 수 있도록 하고자 합니다.

조사 과정 및 방법

청소년 대상 공정 무역 인식 조사 (온라인 설문 조사 google form 활용)

공정 무역에 대해 청소년들이 어떻게 생각하는지에 대해 알아보기 위해 구글 설문지 기능을 통해 설문 조사하였습니다. 정확한 조사를 위해 본교 학생들 40명과 인근 중고등학교 학생들 40명을 대상으로 조사했습니다.

첫 번째로 '공정 무역이란?' 이라는 질문에 41명이 '공정한 무역' 이라고 답했고 6명이 '생산자에게 유리하게 무역하는 것', 8명이 '모르겠다'고 답하였고 17명이 그 외 '사회 시간에 들은 것' '아동 인권 문제를 해결하는 것' 등으로 답하였습니다.

두 번째 평소 공정 무역에 대하여 가지고 있는 생각에 대하여 질문했을 때에는 43명의 학생이 '좋은 활동인 것 같다', '꼭 필요하다' 등의 긍정적인 답변을 하였고, 18명의 학생이 '비싸다', '접하기 어렵다', '우리와는 먼 이야기 같다' 등의 부정적인 답변을 하였습니다. 그 외 19명의 학생은 '모르겠다', '관심이 없다' 등의 답변을 하였습니다.

실생활에서 공정 무역을 접해 본 37명에게 어떤 방법으로 접해 보았는지 물으니 '학교에서 진행한 공정 무역 카페'라고 20명이 답하였는

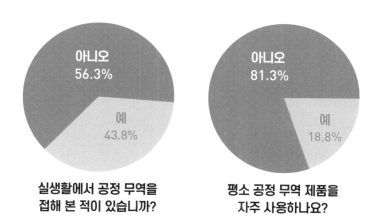

**실생활에서 공정 무역을
접해 본 적이 있습니까?**

**평소 공정 무역 제품을
자주 사용하나요?**

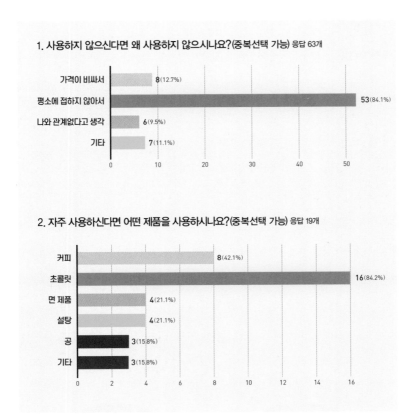

1. 사용하지 않으신다면 왜 사용하지 않으시나요?(중복선택 가능) 응답 63개

- 가격이 비싸서: 8(12.7%)
- 평소에 접하지 않아서: 53(84.1%)
- 나와 관계없다고 생각: 6(9.5%)
- 기타: 7(11.1%)

2. 자주 사용하신다면 어떤 제품을 사용하시나요?(중복선택 가능) 응답 19개

- 커피: 8(42.1%)
- 초콜릿: 16(84.2%)
- 면 제품: 4(21.1%)
- 설탕: 4(21.1%)
- 공: 3(15.8%)
- 기타: 3(15.8%)

데 청소년들이 공정 무역을 접할 수 있는 곳이 흔하지 않기 때문에 학교에서 공정 무역을 접하는 것이 인식 개선에 도움이 될 수 있음을 알 수 있었습니다.

자주 사용하는 학생들은 초콜릿과 커피를 주로 구매하였습니다. 평소 자주 사용하지 않는다고 답한 63명에게 왜 사용하지 않는지 물어본 결과, 53명이 '평소에 접하기 어려워서'라고 대답하여, 인식을 개선하기 위해서는 학교생활 등 일상에서 청소년들도 쉽게 공정 무역 제품을 접할 수 있는 방법을 모색해야 한다는 것을 알게 되었습니다.

공정 무역 인식 개선 및 확대 사례 연구

1) 런던 올림픽

공정 무역이 사용된 사례 중 하나는 런던 올림픽입니다. 2012년에 개최된 런던 올림픽의 조직 위원회는 선수와 대회 관계자들에게 1천 400만 잔의 커피, 750만 잔의 홍차, 1천만 개의 바나나 등을 공정 무역을 통해 공급했습니다. 여기서 발생하는 공정 무역 기금만 해도 1억 8천만 달러에 달합니다. 특히 바나나를 공정 무역으로 공급한 것은 큰 의미가 있습니다. 왜냐하면 바나나는 수확과 동시에 수출 컨테이너에 옮겨지고 이동하는 동안 바나나가 익는 것을 대비해 약품 처리도 해야 합니다. 수입하는 나라에 도착해서는 냉장 시설이 잘 되어 있는 창고에 보관해야 하고 상점으로 바로 이동해야 합니다. 커피와 같은 공정 무역 상품들은 수입업자들이 창고에 보관하고 유통업자들을 찾아 팔 수도 있지만, 바나나는 생과일이기 때문에 그럴 수가 없습니다. 따라서 대형 할인점과 대형 유통 업체가 힘의 우위를 차지하기 때문에 공정 무역으로 제품을 판매하기가 힘듭니다. 그래서 런던 올림픽 때 소비되었던 윈드워드 제도에서 온 바나나들을 생산한 농부들은 오랫동안 바나나 가격 전쟁에 내몰려 있었지만, 런던 올림픽을 통해 자부심과 금전적 이익을 얻을 수 있었습니다.

2) 아름다운 가게

또 다른 사례로는 우리나라의 '아름다운 가게'가 있습니다. 우리나라 공정 무역의 최초 활동이며 국내 최초로 수공예품을 수입하며 공정 무역 사업을 시작했고, 커피 등으로 품목을 넓혀 갔습니다. 특히 2014년에는 '세계 공정 무역 기구 아시아 콘퍼런스'를 서울에서 개최하며 공정 무역을 다른 나라와 교류했습니다. 이 외에도 피스커피의 '동티모르 재건 복구 프로그램', 아름다운커피의 '네팔 커피 협동조합 비즈니스 역량 강화 사업', 기아 대책의 '인도네시아 커피 마을 만들기' 등의 프로그램을 진행해 가며 현지 조직의 역량을 강화하는 교육 프로그램들과 최신식 생산 기계나 시설에도 투자하여 농부들이 더 좋은 품질의 작물을 재배할 수 있도록 돕습니다.

활동 과정: 교내 공정 무역 페스티벌 개최

공정 무역 제품은 보편화되어 있지 않고 실생활에 밀접하게 연관되어 있지 않다는 생각이 들어 '어떻게 하면 공정 무역 제품을 쉽게 접근할 수 있을까?'라는 생각이 들었습니다. 본교는 매점이 없어 학생들이 외부에서 간식을 사 오는 경우가 많은데, 만약 학교에서 공정 무역 간식을 판매한다면 학생들이 외부 편의점을 사용하지 않아도 되고 공정 무역과 제품에 대해 친근하게 다가갈 수 있을 것 같다는 생각이 들었습니다. 따라서 학교 내에 공정 무역 페스티벌의 일환으로 공정 무역 카페를 만들어서 학생들에게 공정 무역 간식을 직접 만들어 판매함과 동시에 공정 무역에 대한 게임을 하는 계획을 세웠습니다. 프로젝트를 본격적으로 시행하기에 앞서 우리 팀은 '마르쉐'라는 공정 무역 시장에 가서 공정 무역 제품을 판매하시는 분들께 질문을 하며 많은 정보를 얻었습니다. 그 후 우리는 5월 14일 세계 공정무역의 날을 맞이하여 한국공정 무역단체협의회(KFTO)와 서울특별시가 주최하는 2016 세계 공정 무역의 날 한국 페스티벌 엔그리앤시프(En Gry& Sif)에 참가하게 되었습니다. 그곳에서 공정 무역 카페에 쓰일 재료(커피, 초콜릿, 설탕, 사과)들을 구입하고 그곳에 계신 물품 파시는 분에게 프로젝트 아이디어와 많은 도움을 받았습니다. 그리고 실제 프로젝트 실행 과정에서 그 재료들을 이용하여 티라미슈, 커피, 차, 달고나, 쿠키 등 공정 무역 간식을 만들고 팔았습니다. 이와 함께 '〈공정 무역 10원칙〉 암송하기'나 '공정 무역 문장 맞추기 게임'을 통해서 할인 쿠폰을 주는 방식으로 학생들의 적극적인 참여를 이끌어냈습니다. 또한 페스티벌에 참가한 학생들을 대상으로 공정 무역에 대한 게임이나 간식을 먹음으로써 재미를 느꼈다는 피드백과 다음 프로젝트가 언제 다시 실행되는지 물어보는 친구들이 많음으로 보아 프로젝트가 성공적이었다는 것을 알게 되었습니다.

우리의 제안

일반화의 첫 번째 방안은 생활협동조합과 협력하여 학교 매점에 공정 무역 식품을 활용하여 판매할 수 있도록 하고 친환경 급식과 같은 공정한 거래를 통해 얻은 재료로 급식을 만드는 공정 무역 급식을 만드는 것입니다. 예를 들어 학교에서 나오는 초코 우유나 빙과류 관련 제품을 공정 무역 제품으로 제공한다면 학생들이 공정 무역 제품을 자신들 근처에서 쉽게 접할 수 있고 공정 무역 시장을 넓힐 수 있습니다. 혹은 설탕과 같이 모든 음식에서 쓰이는 제품들을 공정 무역 제품으로 사용할 수도 있을 것입니다. 학교 급식에서 일주일에 한 번씩 수요일마다 '잔반 없는 날'을 운영하고 있는데, 이와 같이 '공정 무역의 날'을 만들면 학생들의 인식 개선을 위해 도움이 될 것입니다.

두 번째 방안으로는 체육 시간에 필요한 축구공, 급식을 먹을 때 사용하는 수저, 화장실에서 손을 씻을 때 쓰는 비누 그리고 우리가 학교 갈 때 착용하는 교복의 면 등을 공정 무역 물품으로 각 학교에 보급할 수 있도록 교육청 차원에서 지원하는 것입니다. 다른 지역의 또래 친구가 아동 노동을 착취당하며 만든 축구공으로 우리 학생들이 학습할 수는 없다고 생각합니다. 또한, 교복의 면과 같은 경우에는 미국의 텍사스에서 생산된 면화는 미국 정부로부터 보조금을 받습니다. 그러나 인도와 같이 보조금을 받지 못하는 농부는 세계 시장에서 경쟁이 되지 않습니다.

세 번째 방안으로는 학교 수업 시간 중 사회, 가정 또는 미술 교과에서 사용할 수 있는 공정 무역 소이캔들 만들기 키트 제작 및 보급입니다. 예를 들어, 소이캔들 만들기 키트는 소이왁스 65g, 3oz 컨테이너 1개, 심지 2호 1개, 심지탭스티커 1개, 천연 에센셜 오일 6.5ml로 구성되어 있습니다. 여기서 쓰이는 천연 에센셜 오일을 공정 무역 상품으로 구성할 수 있습니다. '메르빌'은 에센셜 오일을 생산함으로써 개발도상국 자녀들의 생활환경을 개선하기 위해 여성을 주로 고용하는 공정 무역 단체입니다. 학생들이 수업 시간에 직접 공정 무역 제품을 사용하여 제작함으로써 학생들이 공정 무역을 접할 수 있는 좋은 기회가 될 것 같습니다.

마지막으로는 청소년을 대상으로 세계 공정 무역 페스티벌을 진행하여 각 학교에서 참석할 수 있도록 한다면 학생들의 공정 무역 인식 개선에 도움이 될 것입니다. 각 학교별로 공정 무역 부스를 설치해서 스스로 참여하고 다 같이 즐길 수 있는 행사가 될 것입니다.

참고 출처

- http://terms.naver.com/entry.nhn?docId=1228454&cid=40942&categoryId=31864
- http://news.heraldcorp.com/village/view.php?ud=20160504163909947389_4
- 한수정(2016), 지구촌 아름다운 거래 탐구생활, 파란자전거.

2. 성교육에 관한
청소년의 인식 개선 및 올바른 성 지식 공유

─외부 활동(유쓰망고 지원)**에서 학교 동아리로**(2017년~)

주제 선정 배경

미디어가 발전하면서 스마트폰, 컴퓨터와 같은 디지털 기기들이 우리의 일상이 되었고 청소년들은 최대의 소비자로서 포털사이트나 SNS에서 음란성 광고들을 쉽게 접하고 있다. 실제로 2017년에 초등학생들을 상대로 설문 조사를 해 본 결과, 성적인 음란물을 본 적 있는 초등학생의 비율은 20%를 넘어섰고 이 중 절반이 광고처럼 원치 않는 곳에서 접했다고 밝혔다. 청소년들이 스스로 음란물을 찾아보는 경우도 많다. 이를 보고 왜 음란물을 접하거나 찾게 되는지, 이 문제가 청소년 성교육과 어떤 관련이 있을까 하는 의문점이 생긴 것이 활동의 발판이 되었다.

먼저 학교 성교육의 기초 틀이 되는 성교육 표준안을 찾아봤는데 그 내용은 아쉬움이 많았다. 이성 친구와 단둘이 집에 있을 때 성폭력이 발생할 수 있고 해결 방안으로 단둘이 있는 상황을 만들지 않는다는 내용이 있었다. 그러나 이는 해결 방안을 생각하는 것이 아니라 문제점을 무시하고 학생들을 존중하지 않고 있는 것이다. 그리고 이 성교육 표준안에는 '남성은 성욕이 강하고 때와 장소에 상관없이 충동적으로 성욕이 일어나기 때문에 여성의 적절한 대처가 중요하다'는 식으로 여성에게 책임을 전가하고 있다.

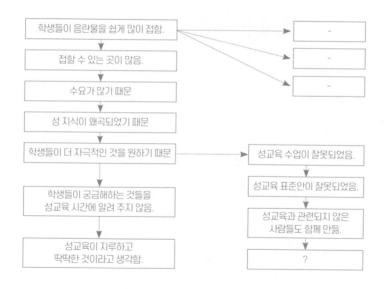

우리는 학생들이 음란물을 접하는 것에 대해 보다 근본적인 원인을 알아내기 위해 5why(원인 분석)를 해 봤다. 그 결과, 성교육이 지루하고 딱딱한 것이라 생각하는 것이 근본적인 원인이었다. 잘못된 성교육으로 청소년들이 왜곡된 성 지식을 가지고 어른으로 성장하게 된다면 성폭력과 같은 심각한 문제를 초래할 수 있으므로 우리는 성교육을 지루하지 않고 딱딱하지 않게 바꿔야 한다고 생각했다. 또한 청소년들과 소통을 할 수 있게끔 성교육을 개편해 올바른 성 지식을 갖추게 하고자 한다.

조사 과정 및 방법

우리는 우리가 공감한 문제들이 다른 사람들도 공감하는지에 대해 알아보기 위해 길거리 인터뷰를 진행하였다. 공감만으로는 얻을 수 없는 실제 상황에 대해서 알아보기 위해 전문가 인터뷰도 진행하였다. 그리고 정책 제안에 참고하기 위해 외국의 성교육 사례도 조사해 보았다.

길거리 인터뷰 (2017년 11월)

서울역 광장에서 우리가 선정한 문제를 다른 사람들이 얼마나 공감하는지, 어떤 의견을 가지고 있는지 알아보았다. 스티커로 시민들의 공감도를 나타냈을 때 100(최고점)에 가깝게 붙여 준 사람이 많은 것으로 보아 우리나라의 성교육이 얼마나 잘못되어 있는지 알게 되고 심각성을 파악할 수 있었다.

전문가 인터뷰 (2017년 11월 29일)

1) 행복한 성문화센터 배OO 소장님 인터뷰

전문적인 부분을 알아보기 위해 성교육 전문가와 인터뷰해 보았다. 하지만 인터뷰의 답변을 들어 보니 학생들의 입장이 반영되지 않은 의견을 내놓으셨고, 전문가들조차도 필요하지 않은 성교육을 가르치고 있다는 것을 알게 되었다.

2) 보건교사 이OO 선생님 인터뷰

많은 학생들이 받는 성교육이 지루하고 딱딱한 점에 대해 보건선생님께는 어떻게 생각하시냐는 주제로 인터뷰를 했다. 이에 매우 공감하고 또한 청소년들이 노출되는 환경에 비해 교육이 너무 부족하다고 답변해 주셨다. 이 답변을 통해 성교육의 심각성을 알게 되었고 학생들이 주체적으로 나서야겠다고 생각했다.

외국 성교육 사례 조사

1) 미국 : 미국은 '안전한 성생활 · 피임 · 출산 등의 실질적 프로그램을 보강해 성적 관심을 자연스럽고 건강한 삶의 한 부분으로 보며 혼전 순결보다는 피임을 강조하는 교육으로 바뀌고 있다.

2) 독일 : 독일은 이미 1992년부터 성교육을 의무교육으로 강화해 성

관계 시 체위를 포함한 거의 모든 주제를 지도하며 정확한 피임법을 교육하고 있다.

실천 계획

우리 팀의 해결 전략을 브레인스토밍한 결과, 다양한 의견이 있었지만 그중 토크콘서트, 유튜브, 팟캐스트 이렇게 세 가지를 비교했다. 공통점은 소통 채널이라는 것이다. 청소년들과 어른들의 소통 방식은 다르고 기존의 성교육이 어른들 위주의 교육 방식으로 진행되기 때문에 어른들이 전달하는 방식이나 소통 채널에는 단점이 있다고 생각했다.

1차 강약점 분석(토크콘서트, 유튜브, 팟캐스트)

청소년들에게 친숙하거나 효과가 높은 소통 방식과 관련하여 토크콘서트, 유튜브, 팟캐스트의 장단점을 적어 비교를 하였다. 그 결과는 아래의 표와 같다.

분류	토크콘서트	유튜브	팟캐스트
강점	1. 직접 소통 2. 학생 반응 생생하게 3. 의미 전달 확실	1. 누구든 접할 수 있음 2. 쉽게 올릴 수 있음 3. 수익이 있음	1. 누구든 접할 수 있음 2. 쉽게 올릴 수 있음
약점	1. 모두에게 알릴 수 없음 2. 홍보가 많이 필요	1. 편집 수작업 2. 홍보가 많이 필요	1. 성장하기 어려움 2. 팟캐스트 운영 어려움

2차 정밀 분석(토크콘서트, 유튜브)

이 세 가지 아이디어 중 토크콘서트와 유튜브를 채택하게 되었는데, 팟캐스트는 운영적인 측면에서 결점이 생겨 제거하였다. 그렇게 판단한 이유는 학교에서 실천하는 방법이고, 당시 우리 팀의 역량으로는 팟캐스트는 성장시키기 어렵다는 단점이 있다고 생각하였다. 따라서 우리 팀은 성교육 토크콘서트를 2017년 12월 21일에 개최하게 되었다.

활동 과정

1차 실행: 토크콘서트

1) 진행 과정

2017년 12월 21일 창덕여자중학교에서 성교육을 주제로 토크콘서트를 진행하였다. 청소년들이 얼마나 음란물에 많이 노출되어 있는지 알리고 성 지식을 알려 주기 위해 진행했다. 토크콘서트에서는 주제 선정 이유, 우리가 생각하는 문제점들, 설문 조사 결과 등으로 시작하여 조사했던 내용들과 새롭게 알게 된 사실들을 공유했다. 또한, 성에 관련된 총 14문제의 퀴즈를 가지고 문제를 맞추며 올바른 지식 체크와 모르는 지식을 새롭게 배워 가는 시간을 가졌다.

2) 주요 반응 및 피드백

'토크콘서트를 진행해서 직접 소통하는 점이 마음에 들었다.'

'학생들만 대상으로 하는 것뿐만 아니라 대상을 더 넓혔으면 한다.'

'우리 학생의 참여에 대한 홍보가 많이 필요하다.'

3) 성찰 및 평가

토크콘서트는 학생들이 시간을 내서 와야 한다는 문제점과 토크콘서트에 대한 홍보가 부족했다.

2차 실행: 1차 실행 결과 분석을 통해 유튜브 운영을 시도함

1) 진행 과정

피드백을 반영하여 유튜브 운영을 시작했다. 유튜브 운영은 토크콘

서트의 단점인 홍보 문제를 보완해 주었다. 2018년 7월 11일 '잼성시간'이라는 이름으로 '성교육은 부끄럽지 않다'라는 주제의 채널을 열었고 성교육을 쉽고 재미있게 알려 주는 영상을 올렸다. 7월 14일에 월경에 관해 청소년들이 평소 궁금해하였던 질문들 7가지를 주제로 영상을 올렸다.

2) 주요 반응

'청소년들이 잘못 알고 있는 성 지식이 많은데 보건 선생님이 직접 알려 주셔서 좋았다.'

'영상을 통해 알게 된 지식이 많고, 평소에 몰랐던 지식을 알 수 있게 돼서 좋았다.'

3) 성찰 및 평가

유튜브 채널 운영은 청소년들이 관심을 가지면 언제나 볼 수 있다는 점에서 토크콘서트의 단점이 보완이 되었다. 그러나 대중들에게 홍보가 덜 된 것이 아쉬웠다. 또한, 성교육에 대한 학생들의 인식이 어떻게 변화되었는지 알 수 있는 방법이 없다는 것이 문제였다.

우리의 제안

학습 자원 제작 및 지원 부문, 제도 부문, 공간적·기술적 부문에서 성교육에 실질적으로 도움을 줄 수 있는 4가지 부문으로 나눈 방안들을 정책으로 제안한다.

학습 자원 제작 및 지원 부문: 성교육 kit 지원

대부분의 학교들은 강의식 방식으로 다소 지루한 성교육이 진행되고 있지만 우리 팀에서 제안하는 성교육 kit를 활용한다면 성의 차이점에 대해 이해하고 존중하는 자세를 키우는 능동적 교육이 이루어질 수 있다고 생각한다. 성교육 kit는 친환경 면 생리대/일반 생리대/탐폰/생리컵으로 구성되어 있는 월경 이해 세트, 먹는 피임약/응급 피임약 등으로 구성되어 있는 피임약 세트, 자가 임신 진단기, 콘돔으로 크게 5가지로 구성되어 있다. 이런 Kit를 제작하여 학교에 활용 방법과 함께 보급할 필요가 있다.

인적 자원 부문 : 또래 성교육 전문가 양성

또래 성교육 전문가 이수 프로그램을 의무교육으로 만든다. 또래 학습에 덧붙여 현재 학생들의 성 지식 상태와 성교육 문제를 파악하고 학생들의 눈높이에 맞춰 상담해 준다. 또한, 학생들이 성교육을 잘 받을 수 있도록 탐구한다.

홍보 전략 부문

1) 온라인: 카드 뉴스, 유튜브 영상 활용

청소년들이 즐겨 하는 온라인 게임에서는 왜곡된 성 지식 발언이 자주 나온다. 그것이 잘못된 것을 알고 올바르게 알려 주기 위해 온라인 게임 시작(전 로딩 시간)에 올바른 성교육을 알려 주는 재미있는 카드 뉴스나 성교육 영상을 잠깐 틀어 주어 일상에서도 재미있게 올바른 성 지식을 가지게 해 줄 것이다.

2) 오프라인: 학교 및 지역 간 토크콘서트

오프라인에서는 학교 및 지역 간 교류회(토크콘서트)를 주관하여 학생들 누구나 성교육 수업과 관련해 궁금한 점이나 필요한 점 등을 자유롭게 교류·공유·토의하는 공식 행사를 연다. 또래 성교육 상담가들이 주체가 되어 일반 학생들의 의견을 듣고 소통 창구가 되도록 행사를 진행한다.

공간적 · 기술적 부문

유튜브 활동과 같이 소통을 위해 활동하지만 영상 제작 관련 전문성이 떨어져 공간적·기술적 부분에서 많은 어려움을 경험했다. 공간적·기술적 부문으로 교육청 차원에서의 지원을 해 주는 것이다. 따라서 교육청 차원에서 본 팀과 비슷한 취지의 10대 유튜브 채널을 위해 스튜디오를 제공해 주는 것이 좋다고 생각하였다. 그러므로 교육부에서 팀의 영상 취지와 기획에 대해 검토한 후 통과된 채널들은 공식 채널화한다. 그리고 가입이 될 경우 스튜디오를 어떻게 활용할 것인지를 밝히고 학생들이 힘들어하는 영상 촬영이나 편집 기술 등 기술적인 부분을 전문가에게 도움받을 수 있도록 진행하는 것이다.

활동 후기

SNS에서 음란물을 많이 접하는 것이 문제라고 생각해서 시작한 우리 팀의 활동이 1년이 되어 가고 있다. 그동안 우리는 다양한 활동을 하였다. 특히 토크콘서트를 통해 다른 사람들에게 우리의 활동을 알려주고 이에 공감하는 사람들이 늘어가는 것을 보며 책임감도 느꼈다. 토크콘서트 활동에 깊게 감명 받은 학생들 중 한 명이 팀원이 되었는데 한 명에게라도 '내가 먼저 나서서 해결해야겠다'고 생각하게 만든 것이 뿌듯했다. 또한, 잘 알지 못했던 교육과정 속 성교육과 성 지식 부분들을 알게 된 것 같아서 좋았다. 하지만 우리가 열심히 활동함에도 불구하고 생각했던 것보다 홍보가 잘 되지 않은 점은 아쉬웠다. 앞으로는 지금의 체제를 유지하면서도 홍보를 더 효과적으로 하고 인식 변화를 위해 노력할 것이다.

참고 문헌 및 자료 _____

• 음란물 언제부터 볼까?: 초등학생 성의식 및 성교육 실태 조사
  https://m.blog.naver.com/PostView.nhn?blogId=ktcu_attic&logNo=221307850528&proxyReferer=https%3A%2F%2Fwww.google.com%2F
• 2016 청소년 온라인 건강 행태 조사 결과 보고서 참고
  http://www.nosmokeguide.go.kr/lay2/bbs/S1T371C373/A/143/view.do?article_seq=270769
• 2017 7월 전국교직원노동조합 초등학생 음란물 노출도 조사 참고
  https://m.post.naver.com/viewer/postView.nhn?volumeNo=9845467&memberNo=5246326
• 전국 교직원노동조합 여성위원회 조사 참고
  https://gender.eduhope.net/
• 일반적인 키트의 내용물 참고
  http://www.kimedia.co.kr/shop/list.php?ca_id=101010

3. 학교 내 잔반 줄이기 프로젝트

－학교 내 동아리 활동(2015년) 공유회 발표 내용 중 실패담을 중심으로

안녕하세요! 저는 현재 창덕여자중학교에 재학 중인 3학년 OOO입니다. 저희 창덕여자중학교 체인지메이커는 현재 진행하고 있는 프로젝트대로 총 네 개의 팀으로 구성되어 있는데요. 저희 팀은 네 팀 중 한 팀인 '잔반'팀입니다. 저희 팀 이름이 왜 '잔반'인지는 저희 팀의 발표가 끝난 후에 아실 수 있으니 발표가 끝날 때까지 꼭! 집중해 주세요. 그럼 지금부터 발표를 시작하겠습니다.

체인지메이커에 들어온 이후부터 평소 주의 깊게 보지 않았던 사소한 것들에 관심과 의문점을 갖게 되기 시작했어요. 저희는 아무래도 학생이다 보니 학교 내에서 발생하는 사소한 문제들에 대해 관심을 갖기 시작했고 단순히 '그런가 보다'가 아닌 '왜 그런 거지'라는 생각들을 하

려고 노력했습니다. 그 과정 속에서 저희가 관심을 갖게 된 문제는 학교 '잔반'에 관한 문제였어요. 저희가 문제를 발견하게 된 계기는요, 그날도 여느 때와 다름없이 학교 급식실에서 점심을 먹고 있었어요. 아맞아, 그날은 유난히 반찬이 맛이 없는 날이었어요. 그래도 저는 배가 고파서 열심히 먹고 있었는데 제 옆에 앉은 친구가 맛있는 반찬만 쏙 집어먹고 일어나는 거예요. 평소에는 아무 생각 없었는데 체인지메이커 활동을 하면서 사소한 일에도 관심을 갖게 되니까, 이 친구의 작은 행동도 눈길이 가더라고요. 그래서 혹시 다른 친구들도 그러나 하고 제가 친구들을 열심히 관찰했거든요. 근데 정말 급식을 다 먹는 친구가 하나도 없는 거예요. 다들 국물 찔끔 남기고 피망 같은 싫어하는 채소들 남기고 그러더라고요. 그때부터 계속 급식 잔반에 대해서 생각을 해봤어요. 생각을 해 보니까 주위에 급식을 남기는 친구들뿐만이 아니라 다이어트 같은 이유로 아예 급식을 먹지 않는 친구들도 많더라고요. 저는 이 잔반이 처리 비용도 많이 들 뿐만이 아니라 환경적인 면에서나 점심을 먹지 않는 친구들의 건강 면에서도 유익하지 않을 거라고 생각했어요. 그래서 저와 비슷한 생각을 하고 있는 친구들, 저기서 제 발표 같이 듣고 있는 저 친구들이요.

어쨌든 저 친구들과 모여서 가장 먼저 공감 캠페인 및 설문 조사를 진행했어요. 우선 우리들의 의견을 다른 친구들에게 얘기해 줌으로써 많은 친구들의 공감을 얻었고 그 친구들에게 여러 가지 의견을 받았어요. 또한 공감 캠페인이 끝나고 창덕여자중학교 친구들 100명을 대상으로 실제로 급식을 많이 남기는지, 급식을 많이 남긴다면 많이 남기는 이유가 무엇인지, 또 이 문제에 대해서 심각하다고 공감하고 있는지 등의 질문을 했어요. 100명 중 약 80%의 학생이 실제로 급식을 많이 남긴다고 답변을 했고요, 이 문제가 심각하다고 생각하는지에 대해 질문했을 때는 약 70%의 학생이 그렇다고 답변을 해 줬어요.

여기서부터 저희는 궁금해지기 시작했어요. 도대체 우리 학교는 잔반이 얼마나 남을까 다른 학교들에 비해 많이 남는 편인가 되게 여러 가지가 궁금해지더라고요. 그래서 점심시간에 영양사 선생님을 찾아가 한 달에 급식이 얼마나 남는지 여쭤봤어요. 선생님께서 해 주시는 말씀이 이번 달에만 875kg 정도가 잔반으로 처리됐다고 하시더라고요. 사실 875kg 실감이 잘 나지 않았어요. 그래서 집에 가서 검색을 해 봤는데요. 여러분, 여러분 배 한번 움켜쥐어 보실래요? 그게 지방 1kg이에요. 그게 875배가 더 있다는 거예요. 얼마나 끔찍해요. 그쵸? 그리고 나서 찾아본 건 '다른 학교는 잔반이 얼마나 남을까'였어요.

잔반량 줄이기 프로젝트를 실시하고 있는 다른 학교와 비교를 해 보았는데요. 이 학교가 프로젝트를 실시하기 전에 이 학교 전교생 및 임직원 약 600여 명이 학교에서 한 달에 남겼던 잔반량이 약 660kg정도였대요. 근데 저희 학교는 약 300명 정도가 한달에 875kg의 잔반을 남기고 있어요. 그러니까 저희 학교는 비교 대상인 저 학교보다 무려 3배나 되는 잔반을 남기고 있었던 거죠. 875kg이면 방울토마토가 약 43750개 그러니까 하루에 1458개나 되는 방울토마토를 낭비하고 있었던 거죠. 이외에도 이 문제가 우리에게 미치는 영향들에 대해 조사해 봤어요. 다이어트를 한다고 음식을 먹지 않게 되면, 그러니까 굶는다고 하죠? 아무튼 굶게 되면 혈압이 낮아지고 또 집중력이나 면역력이 저하돼요. 특히 집중력 저하는 저희 같은 학생들에게는 최악이죠. 이러한 부작용들 외에도 잔반을 태울 때 발생하는 물질이 환경을 오염시키게 돼요. 아까 말씀드렸던 저희가 시행했던 설문 조사에 따르면 저희 학교 학생들이 급식을 남기는 이유 중 가장 큰 이유가 맛이 없어서래요.

근데 만약 우리가 잔반을 줄여서 잔반을 처리하는 데 나오는 비용을 급식의 질을 개선하는 데 쓰면 잔반은 더 이상 남지 않게 될 것이고 급식을 먹는 학생들도 만족하게 되잖아요. 얼마나 아름다워요! 근데 중요한 건 그게 말처럼 쉽지가 않았어요. 일단 저희는 문제의 심각함을 다시 한 번 인식했고 해결 방안에 대해서 탐색해 보기 시작했어요. 어떤 방안이 가장 현실적인지 어떤 방안이 가장 효과적인지 그러다가 찾은 최적의 방안이 이거였어요. '흥미 유발하기' 저희가 선택한 방법은 학생들이 급식을 먹고 만약 잔반이 없이 깔끔하게 급식판을 비웠다면 학생들에게 스티커를 한 장씩 지급을 합니다. 그래서 학년별로 한달 간 가장 많은 스티커를 모은 반에게 간식을 주는 식이었어요.

그렇게 저희의 계획을 선생님께 말씀드리고 저희 학교 학생들에게 전화나 문자 카톡을 돌리며 프로젝트에 대한 의견을 물어보았고 학교를 돌아다니며 학생들의 동의를 구하러 다녔습니다. 본격적인 프로젝트 실시 전에는 아침 조회 시간 강당에서 전교생을 대상으로 홍보를 하기도 했고요. 그렇게 많은 친구들의 관심과 기다림 속에서 저희의 프로젝트 시뮬레이션이 2주 동안 진행되었습니다. 사실 처음에는 아무 걱정 없었어요. 다만 학생들이 참여해 주지 않으면 어떡하지 하는 걱정뿐이었는데, 오히려 많은 관심을 받으니까 감사하더라고요. 근데 며칠이 지나니까 학생들의 지나친 참여 욕구 때문에 문제들이 발생하게 됐어요. 1등을 하기 위해 한 명에게 음식을 몰아준다던가 바닥에 음식을 버리는 등 비양심적인 행위들이 발생했고, 아예 밥이나 반찬을 조금 받거나 받지 않는 경우가 발생했어요. 음식을 몰아주거나 바닥에 버리는 행위는 당연히 옳지 않은 행동이고 반찬을 아예 받지 않는 경우는 학생들의 건강 문제뿐만 아니라 급식을 받아 가지 않게 되면 결국 남은 음식도 잔반 처리해야 하기 때문에 문제가 되기 시작했어요.

급식실에서 급식을 나누어 주시는 분들께서도 저희에게 이런 프로젝트가 무슨 의미가 있냐고 하소연하셨어요. 점점 문제가 많아지니까 저희도 사실 의구심이 들기 시작했어요. '과연 이 프로젝트가 의미 있는 걸까?' '우리가 오히려 학생들이 비양심적인 행동을 하도록 부추기고 있는 것은 아닐까?' 하고 말이에요. 그렇게 프로젝트는 어영부영 마무리가 되었어요. 사실 저희 학교 학생들은 저희의 프로젝트에 대해 굉장히 좋은 반응들을 보여 주었고 다음 학기에도 시행하리라 기대하고 있어요. 물론 프로젝트가 단점만 있었던 것은 아니에요. 한 달 동안 잔반량을 집계한 결과 프로젝트를 시행하기 이전 달보다 약 80kg의 잔반이 줄어들었어요. 한 달 동안이 아닌 2주 동안 시행했는데도 말이죠.

프로젝트가 끝나고 학생들과 교장 선생님, 영양사 선생님, 다른 선생님들께 조언을 구했어요. 그 결과 앞서 말씀드린 것처럼 생각보다 많은 단점들이 발견되었어요.

저희 프로젝트의 실수가 많았던 가장 큰 이유는 아무래도 '조급함'이었던 것 같아요. 시험 기간은 닥쳐 오고 좀 있으면 방학이고 하다 보니까 자연스레 서두르게 되고 프로젝트를 시행했을 때 발생할 단점들에 대해 생각해 보지도 못했고 시간이 부족하다 보니 프로젝트를 시행하는 과정 중 발생한 단점들을 보완할 새도 없이 2주는 흘러가고…….

공감 캠페인부터 프로젝트 시뮬레이션 실행까지 길다면 길고 짧다면 짧은 시간인 두 달이 걸렸습니다. 힘든 일도 많았지만 그 두 달이라는 시간 속에서 저희는 공감과 소통, 배려 등 여러 가지 것들에 대한 많은 배움을 얻었고 서로에 대한 믿음 또한 생겼습니다. 돈 주고 살 수 없는 값진 경험도 했고요. 앞으로는 내가 어떤 무모한 일을 해도 잘할 수 있을 거라는 자신감도 얻었습니다.

만약 저희가 다음 학기에 프로젝트를 시행하게 된다면 지금의 프로젝트 그대로를 시행하는 것이 아니라 기존의 프로젝트에서 발생했었던 여러 가지 문제점들을 개선해서 시행할 예정이에요. 네, 시간도 오래 걸릴 거고 충돌 과정도 많을 거고 조금 힘들겠죠. 그래도 저희는 최선을 다할 생각입니다. 가끔 힘들 때도 있을 거고 서로가 미워질 때도 있을 테지만 저희는 끝까지 최선을 다할 예정입니다. 음, 발표를 마무리할 시간이 된 것 같네요. 다음 2학기에 진행될 프로젝트에도 많은 관

심 부탁드리고요, 끝까지 저희와 소통해 주셔서 감사합니다. 지금까지
'잔반' 팀이었습니다. 감사합니다.

4. 학급 내 분리수거 행동 및 환경 개선

−학교 내 동아리 활동(2019년)

안녕하세요!

저희는 Environmental Protection Is Our Duty, 줄여서 EPIOD(에피오드)라고 합니다.

일상생활에서 자주 발생하는 약간의 쓰레기들, 이 쓰레기들을 어떻게 처리할지, 또 어디다 버려야 할지 고민되는 경우들이 종종 있었을 것입니다.

어느 여름날, 평소와 다를 바 없이 친구들과 함께 하교를 하던 중, 우연히 저는 저희 학교의 분리수거 처리장을 지나치게 되었고, 막대한 양의 쓰레기와 진땀 흘려 그 쓰레기들을 하나하나 다시 분리수거 하시는 기사님 또한 보게 되었습니다.

순간, 머리가 멍해졌습니다. 그리고 약간의 충격을 받았습니다. 지금까지 한 번도 쓰레기의 행방과 분리수거의 문제점에 대해서 생각해 본 적이 없기 때문입니다.

따라서, 저희를 포함한 모든 청소년들의 주 생활공간인 '학교'마저도 이러한 문제가 빈번히 발생하고 있다고 생각했고, 대표적으로 이 문제에 대한 설문에 응답을 해 준 우리 학교 학생들의 30명 중, 절반 이상이 문제에 대한 심각성을 느낀다고 응답했습니다.

사진에서 보이는 것처럼 '쓰레기'라고 적힌 쓰레기통 안에는 휴지, 비닐, 플라스틱 등이 버려져 있었습니다.

분리수거를 하면서 불편한 점에 대한 학생들의 반응을 모아 본 결과 또한 '쓰레기들을 어디에 버려야 하는지 어렵고 범위가 애매하다.' '분리수거가 너무 헷갈린다.' '플라스틱이나 비닐 등을 버리기 애매하다.'

라는 의견이 있었지만, '분리수거의 범위가 너무 헷갈린다.' '범위가 애매하다.' 라는 반응을 가장 많이 보여 주었습니다.

우리 학교는 각 반마다 일반 쓰레기, 병/캔류, 종이류 이렇게 총 3가지로 나뉘어 있습니다. 이렇게 쓰레기의 분리수거 범위가 적어 평상시에도 먹다 남은 과자 봉지, 비닐, 고장 난 샤프, 그리고 일련의 플라스틱 종류 같은 애매한 것들은 어디에 버릴지 몰라 곤란했던 적도 있었고, 이와 같이 (환경부에서 규정한) 재활용품 분리배출 요령을 모두 지키기에는 너무 까다롭고 종류가 많아 힘들 때도 있었습니다.

우리 학교 학생들이 어려워하지 않고 분리수거를 잘할 수 있는 방법은 없을까? 그래서 저희는 (체인지메이커 단장의 도움을 받아) 생각했습니다. 그렇다면, 학생들이 가장 자주 버리는 쓰레기로 이름을 바꾸는 것은 어떨까? 그뿐만 아니라, 플라스틱 칸과 비닐 칸을 만들고 정확하게 표시하면 좋겠다는 생각이 들었습니다. 실제로 플라스틱 칸과 비닐 칸이 있으면 좋겠다는 학생들의 의견도 많았습니다. 그래서 저희는 바로 실행에 옮기기 시작했습니다!

먼저, 저희는 우리 학교 학생들이 많이 가는 편의점에 들러, 학생들이 자주 사 가는 것들을 인터뷰해 보았고 그 결과, 첫 번째 질문에는 '삼각김밥이나 샌드위치, 젤리(?), 과자, 음료수'라고 응답을 해 주었습니다.

최종적으로 저희가 생각한 쓰레기통 이름표의 디자인입니다.

일반 쓰레기, 플라스틱, 종이 등 최종적인 이름표의 정체성은 기재하

되, 학생들이 많이 먹거나 버리는 것들을 모아서 더욱더 분리 배출을 하기 쉽도록 만들었습니다.

부착 전과 부착 후의 상태 변화를 확인하기 위하여 모든 학급의 쓰레기통에 이 이름표를 부착하였습니다.

이름표를 변경한 후 약 일주일간, 작지만 놀라운 변화를 볼 수 있었습니다.

수북이 쌓여 있거나 바닥에 떨어져 있던 쓰레기가 현저히 줄어들었

고, 이에 대해 학생들도 "쓰레기를 어떻게 버려야 할지 잘 몰랐는데, 무엇을 버려야 할지 잘 알 수 있어서 너무 좋았어요." 와 같은 답변 등을 보였습니다.

이 활동을 통해서 저희는 약간의 사소한 행동과 실천이 큰 변화를 가져올 수 있게 되었다는 것을 알 수 있게 되었습니다. 혹시 질문 있으신 분이 계신가요?

지금까지 저희의 발표를 들어 주셔서 감사합니다. 저희는 EPIOD(에피오드)였습니다.

5. 화장실 사용 후
손 씻기 행동 및 환경 개선

−학교 내 동아리 활동(2019년)

시작하기에 앞서 목차를 소개하자면, 간단히 팀 소개가 있을 예정이고요. 문제 공감, 문제 분석, 해결책 도출, 그리고 활동들에 따른 성찰. 또 앞으로의 방향도 말씀 드릴 예정입니다.

왜 팀 이름이 '해민'일까? 라고 궁금해하시는 분들을 위해서 단어의 뜻을 가져와 봤습니다. '해민'은 사전적 의미로 근심이나 걱정을 풀어 버린다는 뜻을 가지고 있습니다. 저희가 체인지메이킹을 하며 저희가 문제라고 생각하는 걸, 더 나아가서 다른 사람들이 문제라고 생각하는 것까지 다 풀어 버리겠다는 저희의 마음가짐을 담은 팀명이고요.

먼저 문제 공감 부분입니다. 저희의 문제 상황은 일부 창덕여중 학생들이 볼일을 본 후 손을 씻지 않는 것입니다. 저희는 더 구체적으로 문제 상황을 파악하고, 학생들의 의견을 묻기 위해 설문 조사 하나를 진행하였습니다. 보시는 바와 같이 1학년 20명, 2학년 20명, 3학년 23명으로 총 63명의 학생들이 설문에 참여하여 주었습니다. 설문의 문항에는 '학교에서 볼일을 보고 난 후 손을 씻으시나요?' 라는 문항과 '손을 씻을 때 학교 비누를 사용하시나요?'라는 질문이 있었습니다. 설문 조사 결과, 볼일을 본 후 항상 손을 씻는 학생은 마흔세 명으로 68.3%, 씻을 때도 있고 씻지 않을 때도 있는 학생은 열아홉 명으로 30.2% 그리고 아예 씻지 않는 학생 한 명이 1.6%를 차지하였습니다. 또, '손을 씻을 때 학교 비누를 사용하나?'는 문항에서는 서른여섯 명이 사용한다고 답해 58.1%를 차지했고, 나머지 스물여섯 명은 사용하지 않는다고 답해 41.9%를 차지하였습니다. 이처럼 꽤 많은 비율의 학생들이 손을 제대로 씻지 않고 계시는 상황을 설문을 통해 확인할 수 있었습니다. 하지만 저희만 손을 씻지 않는 것을 문제라고 생각하면 이 상황은 문제가 아니겠죠.

설문 조사 문항 중 '학생들이 볼일을 보고 나서 손을 씻지 않는 것이 문제라고 생각하시나요?'라는 문항도 있었습니다. 이에 대한 학생들의 답변은 이렇습니다.

손을 씻지 않는 것이 문제라고 생각하는 학생들이 서른세 명으로 52.4%, 문제까지는 아니라고 대답한 학생들이 스물아홉 명으로 46% 그리고 확실하게 문제가 아니라고 대답한 학생이 한 명으로 1.6%를 차지하였습니다. 이렇게 문제라고 생각하는 학생 50%, 문제가 아니라고 생각하는 학생 50%로 반으로 나뉘었는데요.

이는 학생들의 50%나 문제에 공감을 하고 있는 것이자, 학생들의 50%가 문제인지조차 인식하지 못하고 있다는 것이 되겠죠.

다음 문항은 이 문항에 대한 답을 왜 골랐는지를 묻는 질문이었습니다. 이 문항에서는 48명의 학생들이 답변을 해 주었습니다.

손을 씻지 않는 것이 문제가 아니라고 대답한 학생들의 답변 중에 학생들이 공통적으로 생각하시는 것을 발견했는데요. 문제가 아니라고 대답하신 학생들은 손을 씻지 않는 것이 자기 자신만의 문제라고 생각하고 있었습니다. 학교는 여러 사람이 모인 사회이기 때문에 위생 상태가 더더욱 중요합니다. 화장실 문, 계단 손잡이, 교실 문 등등 많은 학생들이 접촉하는 곳에 손이 닿지 않게 생활한다는 것은 거의 불가능한 일이죠. 그런데 손을 씻지 않는다면 학교 곳곳에 세균이 계속해서 퍼지겠죠. 이러한 이유로 손을 씻지 않는 것은 개인만의 문제가 아닌, 학급 구성원, 학교 학생들, 더 나아가 모두의 문제라고 생각합니다.

실제로도 손을 씻지 않는 것이 문제라고 생각하는 학생들의 답변들을 살펴보면 이와 비슷한 내용이 있었습니다. 또, 과학적으로도 근거가 있습니다.

원적외선 카메라로 찍은 사진으로 볼일을 본 후 손을 안 씻은 상태, 물과 비누로 각각 6초, 30초씩 씻은 사진을 보면, 단순히 육안으로 봐도 손을 전혀 씻지 않은 상태가 세균이 확실히 많이 남아 있다는 것을 확인할 수 있습니다. 전문가들의 의견을 보태자면, 심봉석 이대목동병원 비뇨기과 교수의 소견으로는 볼일을 본 후 주변의 세균이 소변을 근거로 새로 자라고, 냄새도 풍길 수 있으니 반드시 손을 씻는 게 맞다는 내용과 화장실 자체가 깨끗한 곳이 아니기 때문에 전혀 닿지만 않으면 상관없지만 아무래도 어려운 일이니 손을 씻는 게 좋다는 강희철 연세대학교 세브란스병원 교수의 의견도 있었습니다.

결과적으로 학생들의 반응을 살펴보았을 때, 저희의 문제는 많은 학생들의 공감을 받았습니다. 그렇지만 일부 학생들은 아직 문제 상황에 대해 잘 파악하고 있지 못하는 모습이었습니다. 이 설문을 통하여 저희의 예상보다 많은 학생들이 아직 이 문제에 대해 잘 모르고, 손 씻기의 중요성을 모르고 있다는 생각이 들어 저희들도 문제에 대해 더 진지하게 빠져들고, 더욱 체인지메이킹에 열정을 가질 수 있었던 것 같아 설문 조사가 굉장히 즐거웠습니다.

저희는 앞에서 설명 드렸던 것처럼 문제 공감을 한 뒤, 문제가 왜 일어날까를 파악하기 위해 5why를 진행하였습니다. 5why가 저희들의 추측으로 이루어진 것이 아닌, 보다 정확한 진행을 위해 5why 역시 자료로 쓰일 설문 조사 문항을 준비했습니다.

왜 손을 씻지 않냐는 문항에는 12명의 학생들이 응답해 주었는데요. 대체로 비슷한 것들끼리 분류를 해 보면, 대략 세 가지의 의견이 나옵니다. 학생들이 비누를 비위생적이라고 생각하는 것, 귀찮음, 시간이 없다는 내용입니다.

유독 비누에 관한 의견이 많이 나와 비누에 관련된 문항도 설문을 진행했습니다. 왜 학교 비누를 사용하지 않냐는 질문엔 굉장히 많고 다양한 의견이 나왔었는데요. 비누가 없을 때가 많거나, 비누가 비위생적으로 보여 찝찝하다, 위치가 애매하다 등의 의견이 나왔습니다.

저희는 이러한 설문의 문항이 사실인지 확인하기 위해 학교 화장실 및 비누를 관리하시는 선생님과 인터뷰를 진행하였습니다. 인터뷰 결과, 비누는 굉장히 잘 관리되고 있었습니다. 비누는 전혀 비위생적이지 않고, 품질이 낮지도 않았습니다. 오히려 좋은 품질에 속하는 비누였고, 비누가 떨어질 때마다 계속해서 채워 주셨기 때문에 비누가 없는 경우가 희박하다고 합니다. 다만 학생들이 왜 그렇게 생각했는지 추측해 보자면, 비누의 제형이나 색깔이 아무래도 보기에 좋은 편은 아니니 거부감이 들 수 있었다고 생각합니다. 또한 선생님께서는 학생들이 비누를 어떻게 생각하는지는 모르셨다고 합니다.

이렇게 모은 자료들을 바탕으로 5why를 진행한 모습입니다. 이유는 크게 4가지로 나뉘었고, 각각 귀찮음, 시간, 비누에 대한 인식이 좋지 않음, 비누의 위치로 나뉘었습니다.

5why를 진행하며 저희는 학생들이 비누에 대해 부정적인 의견을 가지고 있는 것이 신기하고 공감되었습니다. 저희 또한 이번 체인지메이킹을 진행하기 전까지는 비누에 대해 부정적인 생각을 가지고 있었기 때문입니다. 그래서인지 더욱 비누에 부정적인 인식을 가지고 있는 학생들이 바뀌도록 잘 해결해 보고 싶다는 생각이 들었습니다.

5why로 원인 분석을 했으니 분석한 원인들을 바탕으로 해결책을

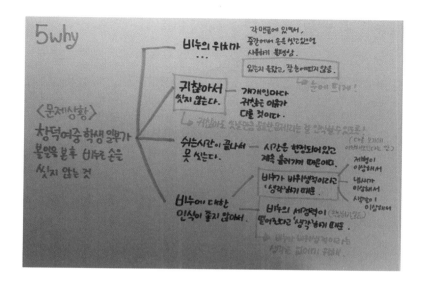

도출해 보았습니다. 원인 중에는 저희가 해결할 수 있는 원인이 있고, 해결이 불가능한 원인이 있습니다. 원인들 중 저희가 선택한 원인은 세 가지인데요.

귀찮아서 씻지 않는 것, 잘 눈에 띄지 않는 것, 비누가 비위생적이라고 생각하는 것입니다. 저희는 이 세 가지 원인을 어떻게 하면 해결할 수 있을까 고민하였습니다. '귀찮아서 씻지 않는 학생들에게는 귀찮아도 씻을 만큼 손 씻기가 중요하다는 것을 알린다면?' '눈에 잘 띄지 않는 문제는 눈에 띄게, 비누를 비위생적이라고 생각하는 것은 그 생각을 없애면 되지 않을까!' 라는 생각을 바탕으로 아이디어를 구체화시켜 보았습니다.

첫째, 귀찮아서 씻지 않는다는 원인에 대한 해결책입니다. 여러 방법으로 캠페인을 진행한다면 손 씻기의 중요성을 알리고, 문제의 심각성을 깨달을 수 있을 것입니다. 캠페인의 예시로는 손을 씻지 않는 것과 씻은 손의 세균 차이를 보여 주는 포스터 제작 후 학생들이 많이 보는 곳에 붙이기, 캠페인 보드 제작하여 캠페인 활동 진행, 다양한 이벤트 등이 있습니다.

둘째, 눈에 잘 띄지 않는다는 원인에 대한 해결책입니다. 비누에 눈에 잘 띄는 스티커를 붙인다면 학생들이 비누를 한눈에 볼 수 있을 것입니다. 또, 화장실 벽면이나 화장실 문에 포스터를 붙인다면 학생들이 손을 씻을 확률이 높아질 것이라고 생각합니다.

셋째, 학생들이 비누를 비위생적이라고 생각하는 것에 대한 해결책입니다. 만약 캠페인 영상을 제작한다면, 저희의 생각과 이미지 모두 담을 수 있어 효율적인 방법이 될 것입니다. 또, 다른 캠페인 진행과는 다르게 재미 요소를 쉽게 넣을 수 있어 중학생들도 편하게 볼 수 있는 영상을 만들 예정입니다. 영상은 비누를 비위생적이라고 생각하는 학생 여러분의 생각을 깨기 위한 내용일 것입니다. 예를 들어, 실제로 비누를 찍거나, 인터뷰했던 영상을 편집한다면 학생 여러분들의 신뢰도가 더 올라갈 수 있을 것 같습니다.

이렇게 해결책까지 세워 보는 과정을 가졌는데요. 저희의 앞으로의 방향을 말씀드리겠습니다. 저희의 잠정적 목표로는 화장실을 학생들이 원하는 모습으로 변화시키는 것이 있는데요. 어떻게 보면 학교생활과도 큰 관련이 있는 화장실을 가고 싶은 공간으로 변화시킨다면 학생들이 더 즐겁게 학교를 다닐 수 있을 것 같아 이러한 목표를 세우게 되었습니다.

또 앞으로 진행해 나갈 활동들을 소개하자면 세워 놓은 해결책을 실행하고, 실행 후 팀원끼리의 성찰을 할 예정입니다. 그리고 해결책 실행 전 학생들이 손을 씻는 빈도를 조사, 실행 후의 빈도를 조사해서 어떻게 변화되었는지 관찰하고 성찰과 변화를 바탕으로 조금 더 해결책을 보완할 예정입니다. 그렇게 해서 만들어진 2차 해결책도 실행할 생각입니다.

짧은 기간이었지만 정말 열심히 준비했던 것 같아 저희 모두 뿌듯했습니다. 긴 발표 들어 주신 여러분들께 감사의 말씀 올리며 이상 발표 마치겠습니다. 감사합니다.

부록

체인지메이커 프로젝트
설계 카드 활용법

체인지메이커 교육을 학생 주도적으로 실시하고자 하는 교육자,
자유학기제, 융합교육, 프로젝트 학습과 연계하여 실시하고자 하는
교육자가 활용할 수 있는 다양한 방법을 소개하였다.
체인지메이커 프로젝트 설계 카드(제작: 미래교육공감연구소)는
인터넷 검색을 통해 구입할 수 있다.

1. 체인지메이커 프로젝트 설계 카드 소개

체인지메이커 프로젝트 설계 카드란?
처음 체인지메이커 활동을 경험하는 아이들 혹은 체인지메이커 활동을 기획(설계)하는 아이들에게 재미있게 활동을 시작하게 하는 방법은 없을까 하는 고민에서 개발한 카드로, 교과 수업 시간, 자유학기 시간, 동아리 시간 등에서 폭넓게 활용할 수 있다.

이럴 때 사용하자
1) 체인지메이커 활동을 처음 시작할 때
2) 체인지메이커 활동의 다양한 요소를 확인하고자 할 때
3) 체인지메이커 활동을 재미있게 시작하고자 할 때
4) 체인지메이커 활동의 팀워크를 다지고자 할 때
5) 학생들이 스스로 체인지메이커 프로젝트를 설계하는 능력을 기르고자 할 때

카드 구성
기본카드 + 확장카드 + 화이트보드카드
1) 기본카드
 '문제-원인-해결'은 체인지메이킹의 기본적인 요소이다. 기본카드를 확인하고 결합시킴으로써 체인지메이킹의 뼈대를 설계할 수 있다.

2) 확장카드
 '공감', '지원', '행동' 카드는 체인지메이킹을 정교화(구체화)할 때 활용할 수 있는 카드이다. 학습자의 수준에 따라 기본카드와 결합하여 활용할 수 있다.

3) 화이트보드카드는 위의 6개 카드 이외에 필요한 요소(내용)을 기록하여 활용할 수 있다.

예시카드 내용

문제카드	공감카드	원인카드
• 고유성약화	• 학생	• 신뢰가 없다
• 난민	• 주민	• 자기 이익만 추구한다
• 부정부패	• 어린이	• 시스템이 없다
• 노동인권	• 임산부	• 다름을 인정하지 않는다
• 저출산 고령화	• 장애인	• 법이 없다
• 청소년인권	• 여성	• 양심이 없다
• 지구온난화	• 저소득층	• 중요성을 모른다
• 실업	• 업무담당자	• 소통하지 않는다
• 독도 문제	• 선생님	• 원칙을 지키지 않는다
• 준법 의식 약화	• 피해자	• 관심이 없다
• 초상권 침해	• 가해자	• 돈이 없다
• 성차별	• 노인	• 잘 모른다
• 사막화		
• 집단 따돌림		
• 음식물 쓰레기		
• 미세 먼지		
• 묻지마 범죄		
• 다문화 가정		
• 개발도상국 빈곤		
• 학교폭력		
• 위안부		
• 안전 불감증		

해결카드	행동카드	지원카드
• 정책	• 설문 조사	• 환경단체
• 돈	• 포스터	• 학교폭력 예방 지원 단체
• 공동체	• 피켓	• 법원
• 대화	• 대화	• 국가인권위원회
• 나눔	• UCC	• 시청
• 협력	• SNS	• 구청
• 재미	• 인터뷰	• 유니세프
• 참여	• 서명 운동	• 성폭력 예방 및 상담 단체
• 화합	• 집회	• 국민권익위원회
• 관심	• 스토리펀딩	• 청소년인권단체
• 기부	• 이야기책 만들기	• 청와대
• 법	• 웹사이트 만들기	• NGO
	• 토크콘서트	• 연구 기관
	• 봉사 활동	• 국민신문고
	• 민원 신청	• 정부부처

2. 체인지메이커 프로젝트 설계 카드 활용

설계 준비_카드 확인하기

1) 카드 확인하기의 흐름

'카드 확인하기'는 프로젝트 설계에 필요한 요소들을 확인하는 과정이다.

① 카드를 테이블 중앙에 펼쳐 놓는다.

② 예시카드를 확인한다.

③ 내용이 궁금한 카드를 선택하여 자기 앞쪽에 놓는다.

④ 선택한 것을 동료들에게 질문한다. 이때, '모르는 것'들을 모아서 모둠 친구들이 설명해 준다.(별도의 보상 제공) 만약, 모둠 내에서 해결되지 않을 경우, QR코드 인식, 인터넷 검색을 활용한다.

⑤ 각 카드별 빈 카드를 활용하여, 예시카드에 작성되지 않은 내용을 작성하여 공유한다.

⑥ 예시카드+모둠원이 작성한 카드를 섞어서 정리한다.

⑦ 6종류의 카드를 위와 같은 방법으로 확인한다.

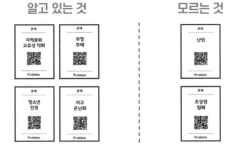

2) 카드 확인하기의 확장 활동

'카드 확인하기'와 연계하여 다양한 학습 활동을 진행할 수 있다.

① 사례를 찾아라

– 문제카드를 개인별로 3~4장씩 나눠 준다.

– 자신이 받은 문제카드와 관련된 사례 혹은 기사 내용을 인터넷 검색/QR코드 인식을 통해 찾는다.

– 개인별로 받은 문제카드를 다시 섞는다.

– 문제카드를 한 장씩 뒤집으며 자신이 찾았던 문제카드가 나올 때마다 친구들에게 설명해 준다.
② 문제와 사례 연결하기
   – 문제카드를 개인별로 3~4장씩 나눠 준다.
   – 자신이 받은 문제카드와 관련된 사례 혹은 기사 내용을 인터넷 검색/QR코드 인식을 통해 찾고, 별도의 종이(포스트잇 혹은 활동지)에 메모한다.
   – 개인별로 받은 문제카드를 테이블 중앙에 펼쳐 놓는다.
   – 한 명씩 돌아가며 자신이 찾은 사례를 설명하면 나머지 친구들이 해당 문제카드를 찾는다. 가장 빨리 찾은 친구에게 보상을 준다.
③ 소셜픽션
   – 문제카드를 무작위로 한 장씩 나눠 준다.
   – 자신이 받은 문제카드를 확인하고, 이 문제가 지속되면 어떤 문제가 발생할지 상상한다.
   – 상상한 내용을 글 혹은 그림으로 표현한다.
   – 상상한 글 혹은 그림을 친구들과 공유한다.

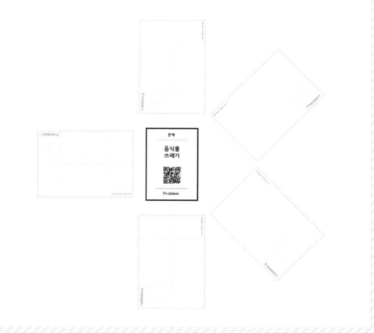

설계 준비_카드 결합하기

1) 카드 결합하기의 흐름

'카드 결합하기'는 프로젝트 아이디어를 순발력 있게 나누는 시간이다. 결합의 흐름은 다음과 같다.

① 사용할 카드를 제외하고 나머지는 테이블 한 켠에 놓는다.

② 사용할 카드 중 한 종류는 테이블 중앙에 덮어 놓고, 나머지 종류는 인원수에 맞게 나눠 준다.

   (ex) (2장 결합) 문제+원인 / 문제+해결 / 문제+공감…

       (3, 4장 결합) 문제+원인+해결 / 문제+해결+행동 / 문제+원인+해결+행동…

③ 테이블 가운데 놓은 카드를 한 장 뒤집는다.

④ 자신이 가지고 있는 카드 중 한 장을 꺼내어 테이블 중앙의 카드와 결합시켜 수업 아이디어를 얘기한다.

⑤ 친구가 가운데 카드와 결합했으면 다음 카드를 뒤집어서 카드 결합 수업 아이디어를 말한다(2~3회 반복하여 진행).

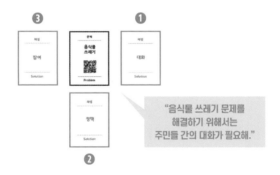

2) 카드 결합하기의 규칙

   모든 참여자가 즐겁고 유익하게 활동하기 위하여 다음의 규칙을 공유하도록 한다.

① 카드에 적힌 단어를 결합하여 간단한 수업 아이디어를 말한다. 단, 단순하게 단어와 단어만 결합하지 않도록 한다.

② 한 번 사용한 카드는 다시 사용하지 않는다.

③ 아이디어에 대한 설명을 너무 오랜 시간 하지 않는다(30초).

④ 모든 팀원들이 동등한 발언 기회를 갖는다.

⑤ 친구의 설명 중 가장 결합이 잘된 수업 아이디어를 생각해 둔다.

⑥ 친구가 표현한 수업 아이디어에 대해서는 비판하지 않는다. 친구의 수업 아이디어는 무작위로 받게 된 카드를 결합한 것이므로, 좋고 나쁨을 구별할 필요가 없다.

3) 카드 결합하기의 응용

'카드 결합하기'는 학생들의 특성과 상황에 따라 다양한 형태로 변형할 수 있다. 학생들의 순발력과 융통성을 확인해 볼 수 있다.

① 블라인드 카드 결합

– 카드를 인원수에 맞게 나눠 줄 때 자신이 받은 카드를 펼쳐 보지 않는다.

– 자신의 차례가 왔을 때 받은 카드 중 무작위로 선택하여 테이블 중앙의 카드와 결합하여 발표한다.

② 우수 결합상

– 테이블 중앙의 카드와 자신의 카드를 결합한 수업 아이디어 중 가장 적합한 결합을 선택한다.

– 팀 진행자가 '하나, 둘, 셋'을 외치면 참여자들은 손가락으로 우수 결합을 가리킨다.

– 우수 결합으로 지목된 친구에게 스티커를 준다.

– '카드 결합하기'가 모두 끝나고 난 후 가장 스티커를 많이 모은 친구가 보상을 받는다.

③ 스피드 카드 결합

– 카드 분배를 마친 후 진행자가 중앙의 카드를 한 장 뒤집는다.

– 순서대로 수업 아이디어를 말하지 않고, 순발력 있게 자신의 카드와 중앙의 카드를 결합하여 아이디어를 말한다.

– 이때 단어와 단어만 연결한 수업 아이디어는 인정하지 않는다.

– 다시 중앙의 카드를 뒤집고 같은 방법으로 진행한다.

– 자신이 갖고 있는 카드를 가장 빨리 없애는 참여자가 정해진 스티커를 받는다.

프로젝트 설계하기

1) 프로젝트 설계하기의 흐름 (30~60분)

'프로젝트 설계하기'는 모둠의 협력을 통해 체인지메이킹 프로젝트를 설계하는 과정이다.

① 친구들과 함께 활동 문제를 선정한다(문제카드 1장). 단 친구들이 다 함께 참여할 수 있는 문제여야 하며, 친구들이 가장 공감하는 문제여야 한다.

② 나머지 카드들을 인원수에 맞게 나눠 준다(공감/원인/해결/행동/지원…).

③ 첫 번째 학생은 자신이 가지고 있는 카드를 결합하여 아이디어를 말한다.

④ 다음 참여자는 앞 사람의 아이디어에 자신이 가지고 있는 카드를 결합하여 아이디어를 말한다(순서대로 진행). 여기서 자신의 순서에서는 같은 종류의 카드를 여러 장 사용할 수 있고, 경우에 따라 친구가 결합한 카드의 위치를 이동시킬 수 있다.

⑤ 가지고 있는 카드를 모두 사용하거나 더 이상 활동 아이디어가 나오지 않을 때까지 진행한다.

2) 프로젝트 설계하기 규칙

모든 참여자가 즐겁고 유익하게 활동하기 위하여 다음의 규칙을 공유하도록 한다.

① 자신의 순서에서만 카드를 결합시켜 아이디어를 말한다. 경우에 따라, 'pass'를 사용할 수 있지만, 가급적 모든 카드를 사용하는 것이 좋다.

② 진행 중 친구의 아이디어를 평가하지 않는다.

③ 친구의 아이디어를 듣고, 가장 적절한 곳에 자신의 카드를 위치시킨다(필요시, 친구의 카드 위치를 움직일 수 있다).

④ 이 단계에서는 질보다 양이 중요하므로 가능한 많은 아이디어를 말한다.

3) 프로젝트 설계하기 가이드

① 문제카드 (10~20분)

– 문제카드를 테이블 중앙에 펼쳐 놓는다.

– 다음 예와 같은 기준을 참고하여 자신이 해결하고자 하는 문제카드를 선택한다.

　　ex 나와 가장 가깝게 연결되어 있는 문제는?

　　　　내 가슴을 꿈틀거리게 하는 문제는?

　　　　최소 6개월 이상 집중해 보고 싶은 문제는?

– 모둠 친구들이 선택한 문제카드 중 하나를 선택한다. 문제카드를 선택하기 전에 모둠의
　기준을 정한 후 토론을 할 수 있다.

– 문제를 선택한 후 주변에서 일어나고 있는 문제 상황을 구체화한다.

② 공감카드 (10~20분)

– 자신이 갖고 있는 공감카드 중 모둠의 문제와 관계된 사람들을 선택한다.

– 공감카드를 결합하면서 다음 예의 질문과 관련하여 자신의 생각을 말한다.

　　ex 문제와 관계된 사람들은 누구인가?

　　　　문제와 관련된 사람들은 어떤 생각을 하고 있나?

　　　　어떤 어려움을 겪고 있나?

　　　　문제가 지속되면 어떤 결과가 초래되는가?

③ 원인카드 (10~20분)
- 자신이 갖고 있는 카드 중 문제의 원인이 될 수 있는 카드를 선택한다.
- 근본 원인이라고 생각하는 카드를 맨 앞에 놓는다.

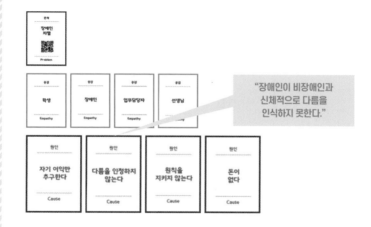

④ 해결카드 (10~20분)
- 자신이 갖고 있는 카드 중 문제 해결과 관련된 카드를 선택하고 카드에 적힌 단어를 포함하여 해결책을 말한다.
- 모둠에서 가장 적절한 해결책이라고 생각하는 카드를 맨 앞에 놓는다.

"이 문제를 해결하기 위해서는
장애인뿐만 아니라 비장애인들의
협력이 중요해."

⑤ 행동카드 (10~20분)
- 자신이 갖고 있는 카드 중 문제 해결을 위해 자신이 행동해야 할 것을 선택한다.
- 나열된 카드를 행동할 순서대로 조정한다.

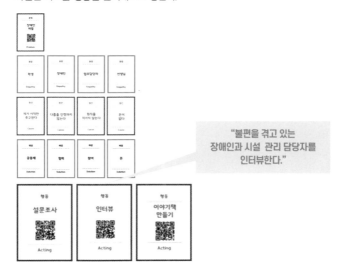

"불편을 겪고 있는
장애인과 시설 관리 담당자를
인터뷰한다."

⑥ 지원카드 (10~20분)
– 자신이 갖고 있는 카드 중 문제 해결에 도움이 될 수 있는 기관이나 단체를 선택하고 자신의 아이디어를 말한다.

"관련 NGO에서
활동한 내용을 찾아보고,
조언을 구할 수 있다."

3) 프로젝트 설계하기 확장

'프로젝트 설계하기'의 효과를 높이기 위해 다양한 형태로 변형하거나 확장하여 이용할 수 있다.

① 최종 목표 작성하기 (10~20분)
– 문제(문제카드)를 선정한 후 최종적인 목표에 대해 논의한다.
– 논의된 목표를 활동지 혹은 포스트잇에 작성하고 문제(문제카드) 위에 위치시킨다.
– 프로젝트 설계하기의 카드 결합이 마무리되면 최종 목표를 보다 구체화한다. (다음의 목표 작성 원칙 참고)

- 목표 작성의 원칙

  Specific(구체적인) : 정확히 무엇을 하려고 하는가?

  Measurable(측정 가능한) : 성공을 측정할 수 있는 방법이 있는가?

  Achievable(달성 가능한) : 목표는 해낼 수 있는 일인가?

  Realistic(현실적인) : 상황을 고려했을 때, 현실적인 목표인가?

  Timely(시기가 구체적) : 언제까지 목표를 달성할 것인가?

② 학습거리 찾기 (10~20분)

- 문제 해결 과정에서 살펴봐야 할 내용을 포스트잇에 작성한다.
- 작성된 포스트잇의 내용과 관계된 필요한 카드 옆에 붙인다.

③ 카드 다이어트(수렴하기) (10~20분)
- 참여자들의 수업 아이디어 발표가 끝난 후 몇 가지 질문에 답하면서 다음 예의 기준에
  따라 카드를 조정(위치 이동, 카드 빼기와 더하기 등)한다.
  (ex) 활동 목표를 고려할 때, 적절하지 않은 카드는?
        주어진 시간을 고려할 때, 적절하지 않은 카드는?
        주어진 자원을 고려할 때, 적절하지 않은 결합은?
        팀원들의 능력을 고려할 때, 적절하지 않은 결합은?
- 최종적으로 조정된 수업 설계를 다시 한번 검토한다.

④ 실행 계획 구체화하기 (10~20분)

－ 수렴된 프로젝트 설계를 구체화할 수 있는 아이디어를 포스트잇에 작성한다. 다음 예의
내용을 포함할 수 있다.

　ex 활동을 언제 수행할 것인가?

　　　누구를 대상으로 수행할 것인가?

　　　어디에서 수행할 것인가?

　　　누가 해당 역할을 수행할 것인가?

　　　사전에 준비해야 할 것은 무엇인가?

⑤ 공유하기 (20~30분)
- 모둠별 수업 아이디어를 소개할 호스트를 선정한다. 나머지는 다른 팀으로 이동할 게스트가 된다.
- 모둠별 호스트만 자리에 남고 게스트는 다른 모둠으로 이동한다.
- 호스트와 게스트는 간단히 인사를 나누고, 팀별 호스트는 수업 아이디어를 설명한다.(3분 내외)
- 게스트들은 설명을 듣고, 프로젝트의 장점과 아쉬운 점(보완할 점) 등을 말한다(호스트는 가장 도움이 된 의견을 선정하고 보상한다).
- 모둠별 이동과 호스트-게스트 간의 대화를 정해진 시간 동안 진행한다.
- 모둠별 호스트는 자기 모둠원들이 돌아왔을 때, 프로젝트에 대해 받은 의견을 말하고, 필요시 반영한다.
⑥ 프로젝트 설계서 작성하기
- 최종 수정된 카드 결합을 참고하여 아래와 같은 양식의 설계서를 작성한다.

체인지메이커 프로젝트 설계서

■ 팀명:　　　　　　　　■팀원:
■ 팀의 목표 :

①우리 모둠의 문제	②관련된 사람들의 생각	③원인	③다른 팀의 반응
④해결방법 및 세부전략(지원기관 포함)			④우리 모둠이 받은 공감스티커

카드 결합 성찰하기

1) 카드 결합을 통해 수업 아이디어 도출 경험을 되돌아보며 동료들과 대화를 나눠 본다. (10분)

① 동료와 수업에 대해 대화를 나눈 경험은 어떠하였는가?

② 오늘 경험한 수업 설계에서 '카드'는 어떤 의미를 지니는가?

③ '카드'를 많이 지니고 있다는 것은 무엇을 의미하는가?

 – 나는 어떤 카드를 많이 가지고 있는가?

 – 나는 어떤 카드가 부족한가?

 – 카드가 부족하면 수업 설계에 어떤 영향을 미치는가?

④ 나는 카드를 어떻게 활용할 것인가?

2) 프로젝트 설계 경험을 되돌아보며 친구들과 대화를 나눠 본다. (10~20분)

① 친구와 프로젝트에 대해 대화를 나눈 경험은 어떠하였는가?

② 오늘 설계한 프로젝트를 어떻게 발전시킬 것인가?

③ 나는 프로젝트 수행에서 어떤 장점을 발휘할 수 있는가?

④ 나는 프로젝트 수행을 위해 어떤 점을 보완해야 하는가?

⑤ 그밖의 성찰